엑스포지멘터리 성경공부 시리즈

마태복음(Ⅱ)

인도자용

마태복음 13-28장

엑스포지멘터리 성경공부 시리즈

마태복음(Ⅱ)

인도자용

마태복음 13-28장

| 송병현 · 임우민 지음 |

EM Exposi Mentary

차례

『마태복음 II』 엑스포지멘터리 성경공부 오리엔테이션
(60분 소요)

* 한 주의 성경공부는 60분을 기준으로 구성되어 있으나 그룹의 요구와 형편에 따라 조절할 수 있습니다.

* 첫 번째 모임의 오리엔테이션은 다음과 같은 구성으로 진행합니다.

1. 찬양과 기도(5분)
찬양은 필요에 따라 선택할 수 있습니다. 이후 인도자의 짧은 기도로 모임을 시작하십시오.

2. 자기소개(10분)
1) **서로 잘 아는 사이의 그룹일 경우** : 한 명씩 돌아가며 자기소개를 하게 하십시오. 본인의 성격을 동물이나 꽃에 비유하는 것도 자신의 특성을 잘 소개할 수 있는 방법입니다.
2) **서로 잘 모르는 사이의 그룹일 경우** : 두 명이 한 조를 이루어 3분가량 자신이 '제일 잘하는 것 한 가지'를 서로 나누게 합니다. 이후 돌아가며 서로의 짝을 소개하는 시간을 갖습니다. 쑥스러운 분위기를 부드럽게 만들기 위해 인도자가 먼저 자기소개를 하면서 어떻게 소개하는지 보여 주는 것이 좋습니다.

3. 학생용 책 나누어 주기(5분)

인도자용 교재는 인도자의 효율적인 인도를 위한 것입니다. 구성원들에게 나누어 주지 마십시오.

4. 엑스포지멘터리 성경공부에 대한 소개(2분)

'엑스포지멘터리'(EXPOSItory+commentary=Exposimentary, 해설주석)는 '해설, 설명'을 뜻하는 'expository'와 '주석'을 뜻하는 'commentary'를 합성한 단어입니다. 본문의 뜻이나 저자의 의도와는 연관성 없는 주제와 묵상으로 치우치기 쉬운 expository의 한계와 필요 이상으로 논쟁적이고 기술적일 수 있는 commentary의 한계를 극복함으로써 가르치는 사역에 도움을 주기 위한 새로운 장르입니다. 성경공부의 가장 핵심적인 목적은 **올바른 성경 해석**과 **적절한 말씀 적용**입니다.

5. 『마태복음 II』 서론(20분)

* 학생용 교재를 사용해 함께 나눕니다.

* 『마태복음 II』 시작 전에 서론 부분을 나눕니다. 마태복음 성경공부 교재는 총 2권으로 구성됩니다. 1권에서는 1~12장, 2권에서는 13~28장의 핵심 내용을 다룹니다.

* 내용이 길 수 있으니 미리 읽어 오도록 권유합니다.

1. 마태복음의 중심 메시지
   (1) 예언과 성취
   (2) 하나님 나라
   (3) 예수 그리스도
   (4) 구원의 구체성과 보편성
   (5) 새 믿음 공동체

2. 마태복음의 구조와 개요
   Ⅰ. 서문: 어린 시절 이야기(1:1-2:23)
   Ⅱ. 예수님의 사역 시작(3:1-7:29)

Ⅲ. 예수님의 권위가 드러남(8:1–11:1)
Ⅳ. 예수님의 사역이 분란을 초래함(11:2–13:53)
Ⅴ. 예수님과 제자들(13:54–19:2)
Ⅵ. 예수님과 심판과 예루살렘(19:3–26:5)
Ⅶ. 말문: 예수님의 수난과 부활과 대사명(26:6–28:20)

6. 서류 작성(5분)

교재의 마지막 장에 있는 '비밀 유지 서약서'의 의도를 설명해 주고 서명하게 합니다.

7. 기대와 포부(5분)

성경공부 모임을 통해 기대하는 것을 구성원 중 2명 정도 이야기하게 합니다.

8. 숙제와 실천과제(5분)

다음 주의 '말씀 돋보기' 부분을 숙제해 오게 합니다.
실천과제로 『**마태복음**』 전체를 읽을 수 있는 데까지 소리 내어 지속적으로 12주 동안 읽어 오게 하십시오.

9. 기도

다 함께 이 성경공부 모임을 위해 기도하십시오.
다음 모임의 약속 시간과 장소를 다시 한번 공지하십시오.

* 두 번째 모임부터는 다음과 같이 시간을 구성합니다.

10. 이 책의 구성 및 사용 방법

1) 복습 – 소요 시간 5분

– 복습은 지난주에 배운 말씀 중 가장 핵심적인 부분을 이해하고 있

는지 확인하는 부분입니다.

- 지난주에 결단했던 '생활의 아로마'가 어떻게 진행되었고, 삶에 어떤 변화를 가져왔는지 간단히 나눕니다.

2) 말씀 돋보기(관찰) – 소요 시간 20분

- '말씀 돋보기'는 숙제로 제시합니다.
- '말씀 돋보기'는 Tip을 제시하고 있으며, Tip을 자세히 읽으면 스스로 답을 찾을 수 있습니다. 그러나 되도록 성경에서 답을 찾아 기록하게 하고, 이후에 문제를 이해했는지 Tip을 통해 확인하게 하십시오.
- 문제를 함께 풀면서 필요한 추가 설명을 곁들입니다. 문제를 풀고 이해하는 데 어려움이 없었는지 확인합니다.

3) 삶의 내비게이션(적용) – 소요 시간 25분

- '삶의 내비게이션'은 모임 시간에 함께 나누는 부분입니다.
- 인도자의 역할은 '삶의 내비게이션'에 있는 Tip을 사용해 '말씀 돋보기'와 연결되는 삶을 나누고 방향을 함께 볼 수 있도록 안내하는 것입니다.
- '삶의 내비게이션'의 질문은 과거, 현재, 미래형으로 구성되어 있습니다.

4) 생활의 아로마(실천) – 소요 시간 5분

- '생활의 아로마'는 구체적인 실천과제를 학생 스스로 적고 실천하는 부분입니다.
- 매주 모임에서 토론한 내용 중 각자의 상황과 결단에 맞추어 한 가지 정도 구체적인 실천과제를 제시합니다. 실천과제에 대한 나눔은 다음 번 모임을 시작할 때 나눕니다.

– 나눔의 깊이는 성령님의 인도하심, 인도자의 지혜, 그리고 그룹 구성원의 서로에 대한 신뢰 정도에 따라 차이가 있을 수 있습니다.
– 학생용 교재 마지막 장에 있는 '『**마태복음 II**』 말씀과 삶의 변화 일지'를 사용해 엑스포지멘터리 성경공부를 통해 삶이 어떻게 변화되고 어떤 결과가 나타났는지 볼 수 있습니다.

〈엑스포지멘터리 성경공부 시리즈 구성〉

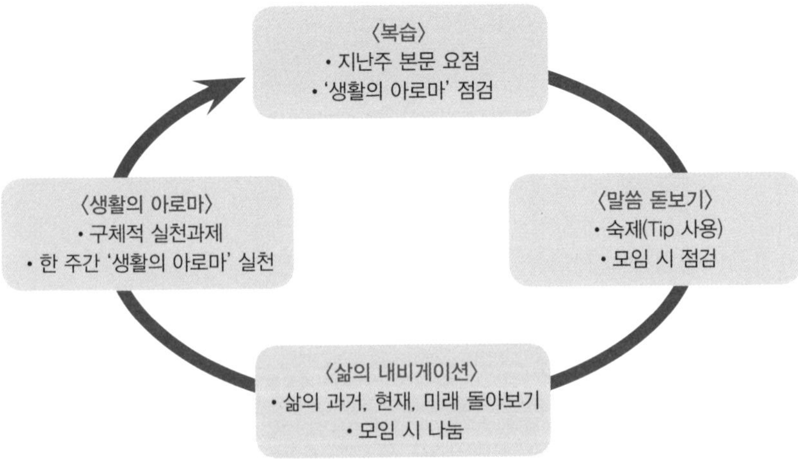

마태복음 서론

신약을 구성하는 정경 27권 중 처음 네 권을 복음서라고 한다. 예수 그리스도의 죽음과 부활을 통해 세상에 임할 복음을 묘사하고 있기 때문이다. 우리는 한 복음에 대해 네 복음서를 전수받았다. 네 복음서 중 처음 세 권인 마태복음, 마가복음, 누가복음을 '공관복음'(synoptic gospels)이라고 부른다.

마태복음은 1세기 말부터 2세기 사이의 가장 중요한 복음서로 자리매김한 후 기독교인들에게 가장 사랑받는 정경이 되었다. 그리고 기독교 역사에서 가장 많이 복사되고, 가장 많이 읽히고, 가장 많이 설교되었다. 마태는 예수님이 하나님의 현현이시며, 삶과 사역을 통해 하늘나라를 이 땅에 도래하게 하셨다고 한다. 예수님은 다윗의 후손으로 오셔서 인종과 사회적 지위에 상관없이 누구든지 하나님을 믿는 자, 곧 아브라함의 모든 후손을 죄에서 비롯된 억압과 고통에서 해방시키신 온 인류의 구세주였다. 마태복음은 복음서 중 '교회'라는 단어를 유일하게 사용하면서 주님의 백성이 이 땅에서 예수님의 제자로 살아가는 것이 무엇을 의미하는지 가장 구체적으로 묘사한다. 이에 신학자들과 성도들은 교회가 어떠해야 하는지를 정의하기 위해 마태복음을 찾았고, 이 복음서의 가르침은 기독교인들의 삶의 기준이 되었다.

1. 저자와 저작 시기

마태복음은 사도 마태에 의해 저작되었으며, 복음서 중 최초로 기록된 마가복음과 Q(=출처, 마태와 누가복음에만 있는 공통적인 부분), 그리고 자신의 고유 출처(M)를 바탕으로 구성되었다. 마태는 알패오의 아들로(막 2:14) 예수님의 열두 제자 중 한 사람이었으며(9:9-13; 막 3:16-19), 레위라는 이름으로 불리기도 했다(막 2:14; 눅 5:27-28). 마태는 세리가 되기 위해 상당히 높은 수준의 교육을 받았을 것으로 보인다. 그는 가버나움 근처 큰길에서 세금을 걷는 자리에 있다가 예수님의 부르심을 받았고, 예수님의 초청을 받자마자 큰 잔치를 열어 죄인과 세리들을 초청했다. 당시 세리들은 로마 제국을 위해 자기 백성에게 세금을 징수한다는 이유로 매국노 취급을 받기 일쑤였다. 유대인이자 예수님의 제자였던 마태는 구약과 유대인들의 관습에 익숙했고, 또한 예수님의 삶과 가르침을 가장 가까이에서 목격한 사람이었다. 그는 예수님의 복음과 이스라엘과 교회의 관계에 대한 책을 저작하기에 가장 적합한 사람이었다.

마태복음이 반영하는 시대적 상황은 주후 50-64년 팔레스타인 기독교를 기반으로 한다. 그러므로 저작 시기를 주후 70년 이전, 더 구체적으로 주후 65-67년 혹은 주후 60년대로 보는 학자가 많다. 한편, 주후 61-63년경에 저작된 누가복음이 마태복음을 인용하고 있다면, 마태복음은 그 이전에 저작되었을 것이다. 그렇다면 주후 50년대에 저작되었을 가능성도 다분하다.

2. 저작 목적

마태복음은 어디서, 어떤 목적으로 쓰였을까? 이 책은 시리아의 북쪽 오론테스강에 위치한 안디옥에서 저작되었다. 안디옥은 이스라엘에서 멀지 않은 곳으로 유대인이 많이 거주했고, 사도 시대에는 유대인과 이방인으로 구성된 교회가 번성했던 곳이다.

마태복음은 어느 특정한 공동체나 교회의 필요를 채우기 위해 저작된 것으로 보이지 않는다. 이 책은 단순히 온 인류의 구세주이신 예수 그리스도의 삶과 사역을 통해 드러난 복음을 선포하기 위해 저작되었다. 독자가 마태 공동체처럼 구체적인 그룹이 아니라, 온 세상과 인류라는 뜻이다. 마태복음은 유대인 혹은 이방인이 아니라 유대인과 이방인 성도들을 위해 쓰인 책이다. 성도들은 이 책을 읽음으로써 그리스도의 복음에 대한 확고한 확신과 믿음을 얻는다. 또한 유대인과 이방인 중 복음을 모르는 사람들에게 복음을 알리기 위한 전도와 선교 목적도 지닌다.

3. 신학적 메시지

(1) 예언과 성취

마태복음은 60여 개의 구약 텍스트를 직접 인용하며, 그 외에도 수많은 구절에서 구약을 연상케 한다. 마태복음은 "주께서 선지자로 하신 말씀을 이루려 하심이니…"나 그와 비슷한 표현을 자주 사용한다(1:22; 2:15, 17, 23; 4:14; 8:17; 12:17; 13:35; 21:4; 27:9). 마태는 신약 저자 중 가장 많이 구약 말씀과 예수 그리스도를 연결한다. 예수님은 구약 예언의 성취이시기 때문이다. 이러한 사실은 예수님이 아브라함에서 시작된 다윗 계보를 완성하시는 일(1:1-17), 구약의 다양한 예언이 성취된 것(1:22-23; 2:4-5, 15, 17, 23 등), 율법이 완성된 일(5:17-48) 등을 통해서 강조된다. 이에 초대교회에서는 마태복음을 구약과 신약을 잇는 연결 다리로 간주해 네 복음서의 순서를 정할 때 마태복음을 제일 앞에 두었다.

(2) 하나님 나라

구약의 선지자들은 하나님 나라가 '여호와의 날' 혹은 세상이 끝나는 날에 실현될 것이라고 했다(사 13장; 겔 13장; 욜 3장; 습 1장; 밀 42장). 마태복음은 하나님 나라가 이미 임했고, 또 앞으로 임할 것이라고 한다(10-13장). 하나님 나라는 처음 임할 때 세상 모든 사람이 아니라, 소수에게만 임하는 신비로운 나라다. 예수님이 비유로 말씀하시는 것과 "귀 있는 자는 들을지어다"라는 말씀을 되풀이하시는 이유는 이 소수를 위해 오셨기 때문이다. 하나님 나라는 주님이 온 세상을 심판하시는 날, 곧 장차 임할 세상 끝 날에 모든 사람에게 임한다(cf. 12장). 메시아이신 예수님의 오심으로 하나님의 나라가 시작되었지만, 아직 완성되지는 않았다. 하나님 나라의 완성은 세상 끝 날에 있을 일이다. 그러므로 하나님의 나라는 '이미'(already) 임했지만, '아직'(not yet) 완성되지 않았다.

(3) 예수 그리스도

마태는 예수님에 대해 크게 세 가지를 강조한다. 첫째, 예수님은 천지를 창조하신 하나님의 아들이시다. 마태는 '하나님의 아들'이라는 표현을 사용함으로써 예수님과 하나님의 '아버지-아들' 관계를 지속적으로 강조한다. 예수님은 단순히 사람들에게 존경받는 선생이 아니라, 경배와 찬양을 받으시기에 합당한 온 세상과 하늘의 권세를 가지신 주님(Lord)이시다.

둘째, 예수님은 다윗의 후손으로 오신 이스라엘의 왕이시다. 하나님은 옛적에 다윗과 그의 후손들이 영원히 이스라엘을 다스릴 것이라고 말씀하셨는데(삼하 7장), 이 말씀은 장차 오실 메시아가 다윗의 후손으로 오실 것이라는 예언이기도 하다. 이것을 다윗 언약이라고 한다. 예수님은 온 인류를 구원하기 위해 오신 하나님이시다. 또한 다윗의 후손으로 오심으로써 온전히 인간이심을 드러내셨다.

셋째, 예수님은 십자가 죽음과 부활로 세우신 교회의 주인이시다. 마태복음은 네 복음서 중 유일하게 '교회'라는 단어를 사용한다. 예수님은 '주는 그리스도시요 살아 계신 하나님의 아들'이라는 베드로의 고백 위에 교회를 세우겠다고 하셨다(16:16-18). 그리고 죄를 지은 사람이 계속 회개하기를 거부하면 이 사실을 교회에 알리고, 교회가 최종적으로 그를 권면하게 하라고 하셨다(18:15-20). 교회는 예수님의 몸이며, 교회의 머리는 예수님이시다. 그러므로 몸이 머리의 다스림을 받는 것처럼 교회는 주인이신 예수님의 다스림을 받아야 한다. 성도들이 교회의 권위에 복종해야 하는 것은 예수님이 바로 교회의 주인이시기 때문이다. 하나님의 함께하심을 상징하는 '임마누엘'로 오신 예수님(1:23)은 항상 교회와 함께하신다.

(4) 구원의 구체성과 보편성

마태복음은 구약이 이스라엘 백성에게 임할 것이라고 했던 구원이 드디어 그들에게 임했다며 구체성을 강조한다. 예수님은 이스라엘의 목자로 오셨다(2:6). 예수님 자신도 이스라엘을 구원하기 위해 왔다는 사실을 누누이 강조하셨고, 이스라엘을 구원하라며 제자들을 파송하셨다(10:1-6).

그리고 이스라엘 사람들을 가르치고 치료하셨다. 이처럼 예수님은 이스라엘 사람들을 구원하기 위해 사역하셨다.
또한 예수님은 세상 모든 민족에 구원이 임했다며 보편성도 강조하신다. 이스라엘에서 볼 수 없었던 믿음을 이방인에게서 찾으셨고, 이스라엘이 거부한 하나님 나라가 이방인에게 갈 것이라고 경고하셨다(21:43–44). 부활하신 예수님은 제자들에게 세상 모든 민족을 제자로 삼아 아버지와 아들과 성령의 이름으로 세례를 베풀라고 말씀하시고(28:19) 승천하셨다.
그러나 예수님의 구원 사역에는 순서가 있다. 예수님은 먼저 이스라엘의 잃어버린 양을 찾아오셨고(10:5–6; 15:24), 그다음 이방인을 찾아오셨다(21:44; 28:19). 예수님의 구원은 이방인을 포함하지만, 유대인에게 우선권이 있었다.

(5) 새 믿음 공동체

예수님은 "주는 그리스도시요 살아 계신 하나님의 아들이시니이다"라는 베드로의 고백 위에 교회를 세우겠다고 하셨다. 그러므로 아무나 교인이 될 수 없다. 유대인 종교 지도자들은 예수님을 반대하는 적대자들이었고, 무리는 중립적인 다수이며 가르침과 사역의 대상이었다. 주님의 부르심을 받고 무리에서 나와 예수님을 '주'라고 고백하는 자들만이 교회의 구성원이 될 수 있었다. 처음 제자 공동체는 대부분 유대인으로 구성되었으나 시간이 흐르면서 이방인 세사도 많아졌다. 결과적으로 새 믿음 공동체는 자연스럽게 인종적·종교적·사회적 담을 모두 헐고 교회의 주인이자 메시아이신 예수님을 경배하기 위해 모인 제자들의 공동체다. 마태복음은 새것과 옛것의 연계성(13:52), 낡은 가죽 부대와 새 포도주(9:17), 예언과 성취(1:22; 2:15, 17, 23; 4:14; 8:17; 12:17; 13:14; 21:4–5; 26:56; 27:9), 예수님의 율법 완성(5:17–20) 이야기를 통해 옛 이스라엘이 예수 그리스도의 교회로 갱신되었음을 강조한다. 예수님의 권위에 무조건 복종하겠다는 유대인과 이방인 제자들로 이루어진 교회는 하나님 백성의 핵심이며, 온 세상을 향해 하나님 나라 복음의 증인이 되라는 부르심을 받았다. 이 믿음 공동체를 다스리시는 분은 메시아요,

다윗 계열의 왕이요, 하나님의 아들이시며, 인자 곧 임마누엘로 오신 예수님이다.

4. 구조

Ⅰ. 서문: 어린 시절 이야기(1:1-2:23)

Ⅱ. 예수님의 사역 시작(3:1-7:29)
내러티브(3:1-4:25)
디스코스 1(산상 수훈)(5:1-7:27)
끝맺음(7:28-29)

Ⅲ. 예수님의 권위가 드러남(8:1-11:1)
내러티브(8:1-10:4)
디스코스 2(선교적)(10:5-10:42)
끝맺음(11:1)

Ⅳ. 예수님의 사역이 분란을 초래함(11:2-13:53)
내러티브(11:2-12:50)
디스코스 3(비유들)(13:1-52)
끝맺음(13:53)

Ⅴ. 예수님과 제자들(13:54-19:2)
내러티브(13:54-17:27)
디스코스 4(공동체의 원칙)(18:1-35)
끝맺음(19:1-2)

Ⅵ. 예수님과 심판과 예루살렘(19:3-26:5)
내러티브(19:3-22:46)
디스코스 5(지도자들 비난과 종말)(23:1-25:46)

끝맺음(26:1-5)

Ⅶ. 말문: 예수님의 수난과 부활과 대사명(26:6-28:20)

제1주 열매로 나타나는 말씀

마태복음 13:1–23

학습목표

우리가 예수님을 구주로 영접한 것은 하나님이 보는 눈과 듣는 귀를 주셨기 때문이라는 사실을 알고, 말씀을 듣고 깨달아 열매 맺는 삶을 살아간다.

KEYWORD **말씀, 반응, 열매**

I. 찬양과 기도

II. 지난주 실천과제 나눔

III. 복습문제 풀이

복습

1 예수님은 누가 참된 가족이라고 말씀하시는가?(12:50)

하늘에 계신 아버지의 뜻대로 하는 자

IV. 말씀 마태복음 13:1–23을 다 함께 읽는다

13:1 그 날 예수께서 집에서 나가사 바닷가에 앉으시매 2 큰 무리가 그에게로 모여 들

거늘 예수께서 배에 올라가 앉으시고 온 무리는 해변에 서 있더니 3 예수께서 비유로
여러 가지를 그들에게 말씀하여 이르시되 씨를 뿌리는 자가 뿌리러 나가서 4 뿌릴새
더러는 길 가에 떨어지매 새들이 와서 먹어버렸고 5 더러는 흙이 얕은 돌밭에 떨어지
매 흙이 깊지 아니하므로 곧 싹이 나오나 6 해가 돋은 후에 타서 뿌리가 없으므로 말
랐고 7 더러는 가시떨기 위에 떨어지매 가시가 자라서 기운을 막았고 8 더러는 좋은
땅에 떨어지매 어떤 것은 백 배, 어떤 것은 육십 배, 어떤 것은 삼십 배의 결실을 하였
느니라 9 귀 있는 자는 들으라 하시니라 10 제자들이 예수께 나아와 이르되 어찌하여
그들에게 비유로 말씀하시나이까 11 대답하여 이르시되 천국의 비밀을 아는 것이 너희
에게는 허락되었으나 그들에게는 아니되었나니 12 무릇 있는 자는 받아 넉넉하게 되
되 없는 자는 그 있는 것도 빼앗기리라 13 그러므로 내가 그들에게 비유로 말하는 것
은 그들이 보아도 보지 못하며 들어도 듣지 못하며 깨닫지 못함이니라 14 이사야의 예
언이 그들에게 이루어졌으니 일렀으되 너희가 듣기는 들어도 깨닫지 못할 것이요 보
기는 보아도 알지 못하리라 15 이 백성들의 마음이 완악하여져서 그 귀는 듣기에 둔하
고 눈은 감았으니 이는 눈으로 보고 귀로 듣고 마음으로 깨달아 돌이켜 내게 고침을
받을까 두려워함이라 하였느니라 16 그러나 너희 눈은 봄으로, 너희 귀는 들음으로 복
이 있도다 17 내가 진실로 너희에게 이르노니 많은 선지자와 의인이 너희가 보는 것들
을 보고자 하여도 보지 못하였고 너희가 듣는 것들을 듣고자 하여도 듣지 못하였느니
라 18 그런즉 씨 뿌리는 비유를 들으라 19 아무나 천국 말씀을 듣고 깨닫지 못할 때는
악한 자가 와서 그 마음에 뿌려진 것을 빼앗나니 이는 곧 길 가에 뿌려진 자요 20 돌밭
에 뿌려졌다는 것은 말씀을 듣고 즉시 기쁨으로 받되 21 그 속에 뿌리가 없어 잠시 견
디다가 말씀으로 말미암아 환난이나 박해가 일어날 때에는 곧 넘어지는 자요 22 가시
떨기에 뿌려졌다는 것은 말씀을 들으나 세상의 염려와 재물의 유혹에 말씀이 막혀 결
실하지 못하는 자요 23 좋은 땅에 뿌려졌다는 것은 말씀을 듣고 깨닫는 자니 결실하여
어떤 것은 백 배, 어떤 것은 육십 배, 어떤 것은 삼십 배가 되느니라 하시더라

말씀 돋보기(관찰)

1 예수님은 모여든 무리에게 어떻게 말씀하셨으며, 그렇게 말씀하신 이유는 무엇인가?(13:3, 13)

a) 무리에게 말씀하신 방법(3절): 비유

b) 이유(11절): 천국의 비밀을 아는 것이 무리에게는 허락되지 않았기 때문에

Tip 예수님은 모여든 사람들에게 비유로 여러 가지를 말씀하셨다. '비유'는 '비교'라는 뜻으로 예화, 수수께끼, 격언, 알레고리, 유사, 이야기 등 다양한 유형의 가르침을 의미한다. 비유는 오묘한 가르침이며, 듣는 즉시 곧바로 이해할 수 있는 것이 아니다. 들은 것을 깊이 생각해 보고 해석해야 의미를 깨달을 수 있다. 이런 점에서 비유는 '하늘의 의미를 담은 세상적 이야기'로 불리기도 한다.

예수님이 무리에게 비유로 말씀하시는 것은 천국의 비밀을 아는 것이 무리에게는 허락되지 않았기 때문이다. 바리새인과 서기관들을 포함한 유대인들은 메시아로 오신 예수님을 거부했다. 이에 예수님은 그들이 보아도 보지 못하고 들어도 듣지 못하도록 비유로 말씀하셨다. 오직 하나님께 택하심을 받은 사람들에게만 천국 비밀이 허락되었다는 것은 하나님의 선택을 암시한다. 바리새인들과 서기관들은 구원자로 오신 예수님을 거부하기로 선택했다. 이제는 하나님이 결정하신다. 하나님은 지금부터 앞으로 영원히 그들에게 천국 비밀을 보이지 않으실 것이다. 그들은 예수님을 통해 주어진 기회를 스스로 포기했으며, 하나님은 그들의 결정을 영원히 존중하실 것이다.

2 씨 뿌리는 자 비유에서 씨앗은 각각 어떤 땅에 떨어졌으며, 그 결과는 어떠했는가?(13:4–8)

a) 첫 번째 씨앗(4절): 길가, 새들이 와서 먹어 버림

b) 두 번째 씨앗(5–6절): 흙이 얕은 돌밭, 싹이 나왔으나 해가 돋은 후 뿌리가

없어 말라 버림

c) 세 번째 씨앗(7절): 가시떨기 위, 가시가 자라 기운을 막음

d) 네 번째 씨앗(8절): 좋은 땅, 100배 60배 30배의 결실을 봄

Tip 예수님이 씨 뿌리는 자 비유에서 네 가지 땅에 관해 자세히 언급하시는 것으로 보아, 이 비유에서는 농부나 씨앗보다 땅(흙)이 가장 중요하다. 농부가 뿌린 씨앗은 각기 다른 네 가지 땅에 떨어진다. 첫 번째 씨앗은 길가에 떨어졌고 곧바로 새들이 와서 먹어 버렸다. 두 번째 씨앗은 흙이 얕은 돌밭에 떨어져 싹이 나왔다. 그러나 해가 나자 얕은 흙이 머금고 있던 습기가 모두 증발해 버렸고, 결국 싹의 뿌리가 말라 죽었다. 가나안 지역에서는 11월쯤 상당히 많은 양의 이른 비가 메마른 땅을 적셔서 부드럽게 만들면 씨앗을 파종했는데, 이후 4월쯤에 늦은 비가 와서 곡식을 영글게 해야 풍성하게 수확할 수 있었다. 비유에서 두 번째 씨앗이 싹이 난 지 얼마 되지 않아 말라 죽는 것으로 보아 이는 가을에 내리는 이른 비에 젖은 얕은 땅에 떨어진 씨앗이다. 세 번째 씨앗은 가시떨기 위에 떨어졌으므로 가시가 자라서 기운을 막았다. 네 번째 씨앗은 좋은 땅에 떨어져서 100배, 60배, 30배의 결실을 보았다. 예수님은 우리가 하나님 나라 복음은 영접하고 100배의 열매를 맺는 삶을 살기를 원하신다.

3 예수님은 비유의 의미를 누구에게만 설명하셨는가? 그들이 복이 있는 이유는 무엇인가?(13:16-18)

a) 설명을 듣는 자: 제자들

b) 복된 이유: 하나님이 보는 눈과 듣는 귀를 주셔서 예수님을 메시아로 영접했기 때문에

Tip 예수님은 무리에게는 비유로만 말씀하시고, 제자들에게는 그 의미를 설명해 주신다. 왜냐하면 천국의 비밀을 아는 것이 택하심을 입은 제자들에게만 허락되었기 때문이다. 유대인들은 하나님 나라가 종말에 임할 것으로 생각했지만 하나님은 예수님을 통해 이미 하나님 나라를 세워 가고 계신다. 이 비밀은 오직 제자들에게만 공개된 것이다.

예수님을 메시아로 영접한 제자들은 보는 눈을 가진 사람들이며, 듣는 귀를 지닌 사람들이다. 그러므로 예수님은 제자들이 복이 있다고 하신다. 하나님이 보는 눈과 듣는 귀를 주셨기에 그들이 보고 들을 수 있게 되었기 때문이다. 하나님은 이들을 택하셔서 예수님의 제자가 되게 하셨다.
구약 시대 선지자들은 장차 임할 하나님 나라를 참으로 사모했지만, 그 나라의 일부가 될 수는 없었다. 그러나 드디어 메시아이신 예수님을 통해 하나님 나라가 임했다! 그리고 하나님 나라의 백성이 된 제자들은 구약의 선지자들과 의인들이 선망하는 대상이 되었다.

4 길가, 돌밭, 가시떨기에 뿌려진 자는 각각 어떤 사람인가?(13:19–22)

a) 길가에 뿌려진 자(19절): 천국 말씀(복음)을 듣고 깨닫지 못하는 사람
b) 돌밭에 뿌려진 자(20–21절): 말씀을 듣고 즉시 기쁨으로 받되, 환난이나 박해가 오면 곧바로 넘어지는 사람
c) 가시떨기에 뿌려진 자(22절): 말씀을 들으나 세상의 염려와 재물의 유혹에 막혀 결실하지 못하는 사람

Tip

길가에 뿌려진 자는 복음을 듣고 깨닫지 못하는 사람이다. 그들은 스스로 마음을 닫았기 때문에 깨닫지 못한다. 이런 사람은 지켜보던 악한 자(사탄, cf. 5:37; 6:13)가 와서 뿌려진 복음을 낚아채 마음에 뿌리를 내리지 못하게 한다.
돌밭에 뿌려진 자는 하나님 나라의 복음을 듣고 즉시 기쁨으로 받지만 뿌리가 없어서 잠시 견디다가 환난이나 박해가 오면 곧바로 넘어지는 사람이다. 하나님 나라의 메시지를 처음 들었을 때는 감탄하지만 헌신은 하지 않기 때문이다. 무리 중에서 예수님의 말씀을 듣고 감탄하면서도 제자가 되기를 주저하는 자들이 바로 이런 사람이다.
가시떨기에 뿌려진 자는 말씀은 듣지만 세상의 염려와 재물의 유혹으로 인해 말씀이 막혀 결실하지 못하는 사람이다. 두 번째 유형과 다른 점은 세상의 핍박(외부적인 압박)이 아니라, 세상의 염려와 재물에 대한 욕심(내부적인 요인)이 그들의 신앙을 망친다는 것이다. 이런 일이 생기는 것은 복음이 우선순위에서 첫 번째가 아니기 때문이다. 본문은 재물을 '속

이는 즐거움'이라고 한다. 재물의 속이는 즐거움에 유혹된 사람은 하나님 나라 복음이 그의 삶을 이끌도록 허락하지 않는다. 하나님 나라는 그의 삶에서 최우선이 아니기 때문이다.

5 씨 뿌리는 자 비유에서 '농부', '씨앗', '땅'이 각각 상징하는 것은 무엇인가? 좋은 땅에 뿌려진 자는 어떤 사람인가?(13:23, Tip 참조)

a) 상징(Tip 참조): 농부는 예수님, 씨앗은 천국 복음, 땅은 복음에 대한 사람들의 반응

b) 좋은 땅에 뿌려진 자(23절): 말씀을 듣고 깨닫는 사람

Tip 씨 뿌리는 비유에서 씨를 뿌리는 농부는 예수님이며, 씨앗은 천국 복음이다. 농부와 씨앗은 모두 좋다. 그러므로 이 비유에서 열매를 결정하는 것은 땅(흙)이다. 네 가지 땅은 예수님이 선포하신 복음에 대한 사람들의 다양한 반응이다.

좋은 땅에 뿌려진 자는 말씀을 듣고 깨닫는 사람이다. 이런 사람은 결실해 수십 배의 열매를 맺는다. 사람이 열매를 맺는다는 것은 하나님께 순종하며 윤리적인 삶을 산다는 뜻이다. 제자도는 입술의 고백에 멈추지 않고 순종과 도덕적인 삶으로 정의되기 때문이다. 좋은 땅에 떨어진 씨앗이라고 모두 100배의 결실을 보는 것은 아니다. 어떤 것은 60배, 어떤 것은 30배의 열매를 맺는다. 본문에 사용된 '결실하다'는 현재형 동사로 평생 계속해서 열매 맺는 것을 뜻한다. 그러므로 결실의 양은 중요하지 않다. 좋은 열매를 맺는 것이 중요하다.

VI. 적용과 나눔

삶의 내비게이션(적용)

1 예수님은 이 비유에서 씨앗(하나님 나라의 복음)이 떨어지는 네 가지 땅(다양한 반응)에 관해 자세히 말씀하신다. 처음 복음을 들었을 때

당신은 어떻게 반응했는가?

관찰문제 2번 참고. 하나님 나라의 복음에 대한 사람들의 반응은 복음을 거절하거나 어떠한 변화도 경험하지 못하는 사람부터 풍족한 열매를 맺는 사람까지 매우 다양하다. 그러므로 복음을 접한 누군가가 지금 당장 열매 맺는 삶을 살지 못하더라도 격려하며 기다려 주어야 한다. 복음을 거부하지 않는 한 언젠가는 열매 맺을 소망이 있기 때문이다.

복음은 모든 사람에게 차별 없이 전해지지만, 복음을 듣고 예수님을 구주로 영접하고 제자가 되는 것은 하나님께 선택받은 사람들만 가능하다. 구약의 선지자들은 미래를 내다보며 메시아 시대를 예언했지만, 먼발치에서 부러워할 뿐 누릴 수는 없었다. 그들은 하나님 나라를 사모했지만 그 나라의 일부가 될 수는 없었다. 그들이 살아 있는 동안에는 메시아가 다스리는 시대가 도래하지 않았기 때문이다. 그러나 우리는 예수님을 통해 하나님 나라가 임한 시대에 살고 있다! 이 사실은 예수님의 제자가 된 우리가 얼마나 큰 복을 받았으며, 얼마나 큰 특권을 누리고 있는지 생각하게 한다. 또한 가진 것이 없어도 무엇에 대해 어떻게 감사해야 하는지 생각하게 한다. 어머니의 배 속에서부터 복음을 듣고 신앙생활을 하는 사람 중에 하나님의 자녀가 된 사실을 당연하고 뻔한 일로 여기는 이들이 있을 수 있으나, 그것은 큰 축복이다. 먼저 믿은 자로서 복음을 전하고 말씀을 실천하며 열매 맺는 삶을 살기에 힘써야 한다.

2 돌밭과 가시떨기에 뿌려진 자는 말씀을 듣지만 세상의 핍박(외부적인 요인)이나 세상의 염려와 재물에 대한 욕심(내부적인 요인)으로 인해 결실하지 못하는 사람이다. 당신에게 있어 말씀을 들어도 결실하지 못하게 방해하는 외부적인 압박이나 내부적인 이유는 무엇인가?

관찰문제 4번 참고. 씨 뿌리는 비유에서 농부는 예수님이고 씨앗은 천국 복음으로, 농부와 씨앗은 모두 좋다. 따라서 열매를 결정하는 것은 땅이다. 이야기 속의 각 땅은 예수님이 선포하신 복음에 대한 사람들의 다양한 반응이다. 길가에 뿌려진 자는 복음이 자신을 변화시키지 못하도록 하나님께 마음의 문을 닫았기 때문에 들어도 깨닫지 못한다. 한편, 돌밭에 뿌려진 자는 복음을 빨리 받아들이지만 이내 버리는 자로 유행에 민감한 사람들이다. 우리나라는 1970-80년대에 큰 부흥이 있었고, 많은 사람이 하나님 나라 복음을 기쁨으로 받아들였다.

하지만 시간이 지나면서 많은 사람이 타락하고 실족해 교회를 떠났다. 이들은 영원한 하늘나라가 아니라 지금 이 순간 이곳을 사는 자들이다. 또한 가시떨기에 뿌려진 자는 말씀은 듣지만 세상의 염려와 재물에 대한 욕심이 그들의 신앙을 망친다. 예수님은 부와 염려를 하나님께 맡기지 않으면 예수님의 제자가 될 수 없다고 경고하셨다.

이처럼 그리스도인의 삶에는 외부에서 오는 환난과 박해가 항상 있으며, 내적으로는 염려와 재물에 대한 욕심이 존재한다. 질병, 직업의 부재, 직장에서의 해고, 사업상의 어려움, 가정의 불화, 자녀들의 탈선, 학교 내에서의 폭력, 교회 안에서 무리를 짓는 문화, 말과 행동이 일치하지 않는 그리스도인의 삶, 목회자의 타락 등과 같은 외부적인 요인으로 인해 하나님에게서 멀어지는 경우가 있다. 그리고 가진 것에 만족하지 못하고 다른 사람의 것을 탐내는 마음, 비교와 경쟁의식, 깊은 상처로 인한 심리적인 불안이나 우울감, 낮은 자존감과 같은 내적 원인으로 인해 스스로 하나님에게서 멀어지는 경우도 있다. 각자의 삶에서 말씀이 자라 결실하지 못하도록 방해하는 요인에는 어떤 것이 있는지 이야기해 본다.

---

3 예수님을 메시아로 영접한 제자들은 보는 눈과 듣는 귀를 지닌 사람들이다. 당신은 영적인 눈과 귀가 어두워지지 않도록 어떤 노력을 기울일 것인가?

관찰문제 3번 참고. 하늘나라의 비밀은 하나님이 세워 가시는 나라의 백성이 되도록 선택받은 사람들에게만 허락된다. 예수님은 무릇 있는 자는 받아 더 넉넉하게 되지만, 없는 자는 있는 것마저 빼앗길 것이라고 경고하신다. 어떤 이들은 이 말씀이 종말에 하나님의 백성이 누릴 축복에 관한 것이라고 하지만, 이는 언제 어디서든 하나님의 자녀들이 하나님 나라에 대한 진리를 알수록 더 많이 알게 될 것이라는 뜻이다. 하나님 나라를 사모하는 사람들에게는 하나님이 더 많이 보여 주시고 가르쳐 주실 것이기 때문이다. 반면에 예수님을 메시아로 영접하지 않는 사람들은 그나마 가지고 있는 하나님 나라에 대한 이해와 지식마저 모두 빼앗길 것이다. 이처럼 하나님 나라는 모든 사람을 위한 나라가 아니다.

예수님을 메시아로 영접하고 제자가 된 우리는 보는 눈과 듣는 귀를 가진 자들이다. 이는 우리의 능력이나 자격으로 말미암은 것이 아니라 하나님이 택하셔서 보는 눈과 듣는 귀로 축복하셨기 때문이다. 그러므로 영적 눈과 귀가 어두워지지 않으려면 하나님이 말씀으로 우리 마음에 찔림을 주실 때 나의 생각과 주장을 내려놓고 겸손히 엎드려 회개해야 한다. 우리는 '회개는 언제든지 가능하다'라는 생각에 젖어 있다. 이론적으로는 옳은 말이다. 아무리 흉악한 죄를 지어도 진심으로 회개하면 용서받을 수 있다. 그러나 어느 선을 넘으면 더는 죄를 용서받을 수 있는 기도를 드릴 수 없게 되거나 회개의 필요성을 느끼지 못하게 되기 때문에 회개가 불가능해진다. 따라서 회개는 기회가 있을 때 해야 한다.

Ⅶ. 마무리

기도로 마무리한다.
제2주 관찰문제를 예습해 오게 한다.
실천과제를 제시한다.

생활의 아로마(실천)

예 1) 설교를 듣거나 성경 말씀을 묵상한 후 내 삶에 적용할 말씀을 구체적으로 적고 실천한다(예: 이전보다 덜 화내기, 덜 욕하기, 더 기뻐하기, 더 축하하기, 더 나누기 등).

제1주 성경공부 NOTE

제1주 성경공부 NOTE

제2주 작은 헌신, 풍성한 은혜

마태복음 14:13-36

학습목표

1. 그리스도인은 오직 주님만 바라보아야 믿음을 유지할 수 있으며, 믿음과 두려움은 공존할 수 없다는 사실을 알 수 있다.
2. 하나님은 우리의 작은 헌신을 통해 큰일을 이루신다는 것을 믿는다.

KEYWORD **두려움, 믿음, 헌신**

I. 찬양과 기도

II. 지난주 실천과제 나눔

III. 복습문제 풀이

복습

1 씨 뿌리는 자 비유에서 '농부', '씨앗', '땅'이 각각 상징하는 것은 무엇인가? 좋은 땅에 뿌려진 자는 어떤 사람인가?(13:23, 관찰문제 5번 Tip 참조)

a) 상징(Tip 참조): 농부는 예수님, 씨앗은 천국 복음, 땅은 복음에 대한 사람들의 반응을 상징함

b) 좋은 땅에 뿌려진 자(23절): 말씀을 듣고 깨닫는 사람

Ⅳ. 말씀 마태복음 14:13-36을 다 함께 읽는다

[14:13] 예수께서 들으시고 배를 타고 떠나사 따로 빈 들에 가시니 무리가 듣고 여러 고
을로부터 걸어서 따라간지라 [14] 예수께서 나오사 큰 무리를 보시고 불쌍히 여기사 그
중에 있는 병자를 고쳐 주시니라 [15] 저녁이 되매 제자들이 나아와 이르되 이 곳은 빈
들이요 때도 이미 저물었으니 무리를 보내어 마을에 들어가 먹을 것을 사 먹게 하소
서 [16] 예수께서 이르시되 갈 것 없다 너희가 먹을 것을 주라 [17] 제자들이 이르되 여기
우리에게 있는 것은 떡 다섯 개와 물고기 두 마리뿐이니이다 [18] 이르시되 그것을 내게
가져오라 하시고 [19] 무리를 명하여 잔디 위에 앉히시고 떡 다섯 개와 물고기 두 마리
를 가지사 하늘을 우러러 축사하시고 떡을 떼어 제자들에게 주시매 제자들이 무리에
게 주니 [20] 다 배불리 먹고 남은 조각을 열두 바구니에 차게 거두었으며 [21] 먹은 사람
은 여자와 어린이 외에 오천 명이나 되었더라 [22] 예수께서 즉시 제자들을 재촉하사 자
기가 무리를 보내는 동안에 배를 타고 앞서 건너편으로 가게 하시고 [23] 무리를 보내신
후에 기도하러 따로 산에 올라가시니라 저물매 거기 혼자 계시더니 [24] 배가 이미 육지
에서 수 리나 떠나서 바람이 거스르므로 물결로 말미암아 고난을 당하더라 [25] 밤 사경
에 예수께서 바다 위로 걸어서 제자들에게 오시니 [26] 제자들이 그가 바다 위로 걸어오
심을 보고 놀라 유령이라 하며 무서워하여 소리 지르거늘 [27] 예수께서 즉시 이르시되
안심하라 나니 두려워하지 말라 [28] 베드로가 대답하여 이르되 주여 만일 주님이시거
든 나를 명하사 물 위로 오라 하소서 하니 [29] 오라 하시니 베드로가 배에서 내려 물 위
로 걸어서 예수께로 가되 [30] 바람을 보고 무서워 빠져 가는지라 소리 질러 이르되 주
여 나를 구원하소서 하니 [31] 예수께서 즉시 손을 내밀어 그를 붙잡으시며 이르시되
믿음이 작은 자여 왜 의심하였느냐 하시고 [32] 배에 함께 오르매 바람이 그치는지라
[33] 배에 있는 사람들이 예수께 절하며 이르되 진실로 하나님의 아들이로소이다 하더
라 [34] 그들이 건너가 게네사렛 땅에 이르니 [35] 그 곳 사람들이 예수이신 줄을 알고 그
근방에 두루 통지하여 모든 병든 자를 예수께 데리고 와서 [36] 다만 예수의 옷자락에라
도 손을 대게 하시기를 간구하니 손을 대는 자는 다 나음을 얻으니라

V. 관찰문제의 바른 답

말씀 돋보기(관찰)

1 저녁이 되자 제자들은 수많은 무리를 먹이기 위한 방법으로 무엇을 제안했는가? 예수님은 제자들에게 어떻게 하라고 명령하셨는가?(14:15, 16)

a) 제자들의 제안(15절): "무리를 보내어 마을에 들어가 먹을 것을 사 먹게 하소서"

b) 예수님의 명령(16절): "갈 것 없다 너희가 먹을 것을 주라"

Tip

헤롯이 예수님에 대한 소문을 듣고 놀랐다는 말을 들으신 예수님은 배를 타고 가버나움을 떠나 빈들로 가셨다. 조용히 제자들과 함께 시간을 보내려고 떠나셨지만, 소문을 들은 무리가 따라왔다. 예수님은 따라온 큰 무리를 불쌍히 여기시고 병자들을 고쳐 주셨다. 메시아의 자비와 사랑이 한 번 더 치료를 통해 드러나는 장면이다.

저녁이 되자 제자들이 사람들을 주변 마을로 보내 먹을 것을 사 먹게 하는 것이 좋겠다고 예수님께 제안했다. 이들의 제안은 매우 합리적으로 보인다. 그러나 이는 문제를 해결하려는 것이 아니라 단지 피하거나 떠넘기는 것에 불과하다. 당시 상황을 고려할 때, 주변에 있는 마을들도 1만 명 이상이 먹을 만한 음식을 비축하고 있지 않았을 것이기 때문이다.

제안을 들으신 예수님은 무리가 마을로 갈 필요가 없도록 제자들에게 먹을 것을 주라고 하신다. 리더는 그를 따르는 사람들을 항상 모든 면에서 돌봐야 한다는 교훈을 주기 위해 이런 말씀을 하신 것이다. 제자들은 예수님이 병자들을 치료하시고 죽은 사람을 살리시는 기적을 보았음에도 산 사람들을 먹이는 기적은 행하지 못하시리라고 생각했다.

2 제자들이 가진 것은 무엇인가? 예수님은 그것을 가지고 어떻게 하셨으며, 몇 명이 먹고, 얼마가 남았는가?(14:17–21)

a) 제자들이 가진 것(17절): 떡 다섯 개와 물고기 두 마리

b) 예수님의 행동(19절): 하늘을 우러러 축사하심

c) 먹은 사람(21절): 여자와 어린이 외에 5,000명

d) 남은 조각(20절): 열두 바구니

Tip 제자들이 가진 것이라고는 고작 떡 다섯 개와 물고기 두 마리뿐이었다. 예수님은 떡 다섯 개와 물고기 두 마리를 앞에 두고 하늘을 우러러 축사하셨다. 음식을 축복하신 것이 아니라 음식을 주신 하나님께 감사하셨다. 이는 예수님이 새로 시작한 하늘 가족의 가장임을 확인해 주시는 행위다. '갖다-축사하다-떼다-주다'는 모두 최후의 만찬에서 사용되는 동사다. 제자들이 예수님의 말씀에 따라 음식을 나누어 주니 모두 다 배불리 먹고 남은 조각이 열두 바구니에 찼다. 성인 남자 5,000명이면 아이들과 여자들을 합해 최소 1만 명이 함께 식사했다는 뜻이다. 그런데도 본문은 '모두, 배불리, 남은 조각, 차다' 등 풍성함에 관한 언어로 가득하다. 이를 통해 기적이 시작될 때보다 먹고 남은 음식이 더 많다는 사실을 강조하는 것이다.

풍성하지만 타락한 헤롯의 잔치(14:1~12)와 대조적으로 메뉴는 소박해도 경건하고 행복한 이 잔치는 장차 종말에 메시아가 성도들을 위해 베푸실 잔치가 어떤 것인지 상상하게 한다. 종말에 주님의 백성이 참여할 메시아의 잔치는 즐거움과 풍요로움으로 가득할 것이다.

3 예수님은 제자들과 무리를 보내신 후 어떻게 하셨는가? 제자들에게 어떤 위기가 닥쳤는가?(14:23-24)

a) 예수님이 하신 일(23절): 홀로 기도하기 위해 산에 올라가심

b) 제자들에게 닥친 위기(24절): 그들이 탄 배가 풍랑을 만나 고난을 당함

Tip 예수님은 제자들과 무리를 보내신 후에 홀로 기도하기 위해 산에 올라가셨다. 예수님은 평상시에도 기도를 많이 하셨지만, 지금은 더욱더 홀로 하나님과 시간을 보내야 할 필요를 느끼셨다. 사역에서 매우 중요한 전환점에 와 계시기 때문이다. 이제부터 예수님은 주로 이방인이 사는 지역을 돌아다니며 사역하실 것이며, 머지않아 십자가를 지기 위해 예루살

렘으로 가셔야 한다. 삶의 가장 결정적인 시간에 조용히 하나님을 찾으신 것이다.

예수님이 산에서 기도하시는 동안 제자들을 태운 배가 풍랑을 만나 큰 위기를 맞았다. 예수님은 밤 4경(새벽 3–6시)에 갈릴리 호수 위를 걸어서 제자들에게 오셨다. 제자들이 해 질 녘에 배를 타고 출발한 점을 고려하면 그들은 밤 4경까지 약 9시간 동안 노를 저었다. 아마도 이때쯤에는 지칠 대로 지쳐 모든 것을 체념했을 것이다. 하나님의 도우심을 바라기에는 이런 때가 가장 좋다.

4 예수님은 두려워하는 제자들에게 뭐라고 말씀하셨는가? 제자들은 예수님을 누구라고 고백했는가?(14:27, 33)

a) 두려워하는 제자들에게 하신 예수님의 말씀(27절): "안심하라 나니 두려워하지 말라"

b) 제자들의 고백(33절): "진실로 하나님의 아들이로소이다"

Tip 물 위를 걸어오시는 예수님을 본 제자들은 유령인 줄 알고 두려워했다. 예수님은 무서워하는 제자들에게 "안심하라 나니 두려워하지 말라"라고 말씀하셨다. 구약에서는 오직 여호와 하나님만이 물 위를 걸으시고(욥 9:8; 시 77:19), 물에서 사람을 구원하실 수 있다(출 14:10–15:21; 욘 1:16). 그러므로 예수님은 "나다"라는 말을 통해 자신이 여호와 하나님이심을 제자들에게 밝히신다. 예수님이 메시아로 오신 하나님의 아들이라는 믿음을 제자들이 가질 수 있도록 물 위를 걸어오신 것이다.

한편, 베드로는 "오라"라는 예수님의 말씀에 따라 물 위를 걸어 예수님께 나아갔지만, 얼마 가지 못해 물에 빠지고 말았다. 예수님은 손을 내밀어 베드로를 붙잡으시며 그의 믿음이 작다고 하셨다. 그는 믿음이 있기는 했지만 부족했다. 처음에는 주님만 바라보는 믿음이 있었지만, 풍랑이 이는 주변 상황을 의식하니 두려워진 것이다. 우리는 오직 주님만 바라보아야 믿음을 유지할 수 있다는 사실을 마음에 새겨야 한다.

이 일로 제자들은 예수님이 누구신지 깨달았다. 그들은 예수님이 하나님의 아들 메시아라고 고백했다. 처음 풍랑을 겪을 때 제자들은 "이분이 누구이기에 바람과 바다까지도 이분에게 복종하는가?"라며 의아해 했다(8:23-27). 제자들이 예수님을 메시아이신 하나님의 아들로 고백하지만, 그들은 예수님이 부활하신 후에야 비로소 확실히 알게 될 것이다. 그래도 희망적인 점은 그들의 앎이 계속 확장되고 있다는 사실이다. 제자들의 고백은 "주는 그리스도시요 살아 계신 하나님의 아들이시니이다"(16:16)라는 베드로의 고백을 통해 절정에 이른다.

5 예수님과 제자들이 풍랑으로 인해 도착한 곳은 어디인가? 그곳 사람들은 예수님께 무엇을 간구했으며, 그 결과는 어떠했는가? (14:34-36)

a) 도착한 장소(34절): 게네사렛 땅

b) 게네사렛 사람들의 간구(36절): 예수의 옷자락에라도 손을 대게 하시기를 간구함

c) 결과(36절): 손을 대는 자는 다 나음을 얻음

Tip 제자들은 배를 타고 갈릴리 호수를 건너 그들이 머무는 안드레와 베드로의 집이 있는 가버나움으로 갈 계획이었지만, 풍랑으로 인해 게네사렛에 도착했다. 그러자 그곳 사람들이 모든 질병을 고치시는 예수님이 오셨으니 병자를 모두 데려오라며 주변 마을에 기별을 보냈고, 연락받은 사람들이 곳곳에서 병자를 예수님께 데려왔다. 자신이 치료받기 전에 예수님이 떠나실까 봐 걱정되었던 사람들은 예수님의 옷자락에라도 손을 대게 허락하시기를 간구했다. 예수님의 치료 능력이 얼마나 대단하고 충만한지 주님의 옷자락만 잡아도 나을 것이라는 믿음의 표현이다.
예수님은 병자들이 옷자락에 손을 대는 것을 허락하셨고, 주님의 옷자락을 만진 사람마다 모두 나았다! 병자들은 바리새인과 서기관들의 불신과는 매우 대조적인 믿음을 가졌으며, 하나님은 이들의 믿음을 보시고 치료해 주셨다.

삶의 내비게이션(적용)

1 예수님은 풍랑으로 인해 우연히 게네사렛 땅에 도착하셨지만, 그곳에 살던 많은 병자가 예수님을 통해 치유받았다. 당신의 삶에서 우연이라고 생각했는데 돌아보니 하나님의 은혜이고 섭리였던 경험은 무엇인가?

관찰문제 5번 참고. 예수님과 제자들은 원래 가버나움으로 가려 했지만, 풍랑으로 인해 게네사렛에 도착했다. 그곳에는 주님의 치유를 간절히 소망하는 사람이 참으로 많았고, 예수님은 그들을 모두 치료해 주셨다. 예수님이 게네사렛에 가신 것이 우연한 일로 보이지만, 병을 치료받은 사람들에게는 하나님의 은총이고 섭리였다. 모든 상황과 일이 합하여 하나님이 기뻐하시는 선을 이룬 것이다. 성경은 우리 삶에 우연은 없으며, 모든 것이 합력해 선을 이룬다는 것을 가르쳐 준다. 룻은 시어머니와 자신의 생계를 위해 이삭을 주으러 우연히 보아스에게 속한 밭으로 갔고, 그때 마침 보아스가 베들레헴으로부터 와서 두 사람의 만남이 이루어진다(룻 2:3-4). 룻기는 이 두 사람의 계보를 통해 다윗이 태어났음을 밝히며 끝마친다. 룻과 보아스의 만남은 구원자이신 예수 그리스도께서 다윗의 계보를 통해 오시기 위한 하나님의 섭리였다. 이처럼 우리의 삶에도 우연한 만남이 결혼까지 이르거나, 갑자기 찾아온 질병을 통해 가족이 구원받거나, 사업의 실패로 오히려 신앙생활이 회복되는 등 인생의 터닝 포인트가 된 일들이 있다. 삶의 가장 어려운 순간에도 낙심하지 말아야 할 이유가 바로 여기에 있다. 인도자는 하나님을 믿는 자에게는 '우연'이란 없으며, 모든 것이 '마침내' 회복시키고 구원하기 위한 하나님의 섭리였음을 고백하는 시간이 되도록 인도한다.

2 예수님은 제자들이 가져온 떡 다섯 개와 물고기 두 마리로 수천 명을 먹이시는 놀라운 기적을 행하셨다. 당신이 하나님 나라를 위해 지금 이곳에서 주님께 드릴 작은 헌신은 무엇인가?

관찰문제 2번 참고. 예수님은 모든 것을 하나님께 맡기고 무엇을 먹을까 무엇을 마실까 염려하지 말라고 하셨다(마 6:25). 오병이어의 기적은 하나님께 모든 것을 맡기면 하나님이 우리를 어떻게 먹이시는지에 대한 실질적인 사례라 할 수 있다. 구약에서는 이러한 원리를 '여호와 이레'라고 한다.

이 말씀은 하나님이 때로는 지극히 작은 것을 통해 매우 큰 일을 하신다는 것을 보여 준다. 예수님은 빵 다섯 개와 물고기 두 마리로 수천 명을 먹이셨다. 우리의 가장 작은 것이라도 주님께 드리면 주님은 그것을 통해 상상을 초월하는 일을 하신다. 하나님은 우리의 작은 헌신을 헛되게 하지 않으시기 때문이다. 우리는 교회 안에서 구역장, 교사, 환경 미화, 식당 봉사 등의 사역을 통해 헌신할 수 있다. 그리고 가정과 직장에서 믿지 않는 사람들을 주님께 인도하기 위해 조금 더 수고하고, 더 손해 보고, 아프고 연약한 주위 사람들을 식사에 초대하고, 마음을 나누고 위로하는 것 또한 주님의 제자들이 삶에서 실천할 수 있는 섬김과 헌신이다.

---

3 주님만 바라보았을 때 베드로는 물 위를 걸었지만, 요동치는 파도를 보자 두려움에 휩싸여 물에 빠지고 말았다. 하나님을 믿는 믿음이 있음에도 당신이 여전히 두려워하고 있는 것은 무엇인가?

관찰문제 3, 4번 참고. 베드로가 집중하고 믿어야 했던 진리는 물 위를 걷는 것은 오직 여호와 하나님만이 하실 수 있는 일이며(욥 9:8; 시 77:19), 오직 하나님만이 사람을 물에서 구원하실 수 있다는 사실이다(출 14:10-15; 21). 그러나 베드로는 사방에서 요동치는 파도를 보았고, 이로 인해 두려움에 사로잡혔다.

이 이야기는 믿음이 무엇인지 생각하게 한다. 믿음은 바다를 다스리시는 예수님에게서 눈을 떼는 순간 약해지거나 없어진다. 아무리 믿음이 있다고 해도, 세상을 의식하면 할수록 믿음이 사라지고 그 자리는 두려움으로 채워진다. 그리스도인 가운데 많은 사람이 주님이 우리를 먹이시고 인도하신다는 것을 믿고 고백하지만 경제적인 어려움이나 실직, 질병, 사랑하는 사람과의 이별 등으로 인해 여전히 두려워할 때가 있다. 그러나 우리가 진정 두려워해야 할 것은 죄로 인해 주님을 보지 못하고 주님과의 관계가 멀어지는 것이다. 믿음은 두려움과 공존할 수 없다. 그러므로 예수님을 믿는다는 것은 두려움에서 해방되는 것일 뿐 아니라, 두려워하는 것을 의지적으로 거부하는 일이다. 주님의 능력을 의심하지 말고 온전히 믿어야 두려움을 떨쳐낼 수 있다. 또한 두려움 없이 믿음으로 담대하기 위해서는 예수님이 자주 홀로 기도하신 것처럼 하나님께 기도함으로써 우리 자신을 무장해야 한다.

Ⅶ. 마무리

기도로 마무리한다.
제3주 관찰문제를 예습해 오게 한다.
실천과제를 제시한다.

생활의 아로마(실천)

예 1) 집중하고 있는 세상적 관심사가 무엇인지 점검하고 줄인다(예: 지나친 SNS 및 카톡 사용, 유튜브 및 TV 시청 줄이기).

2) 두려움의 근원(타인의 평가, 체면, 비교의식 등)을 파악하고, 대처 방안을 찾는다.

제2주 성경공부 NOTE

제2주 성경공부 NOTE

제3주 행동은 마음의 거울

마태복음 15:1–28

학습목표

1. 교리와 전통은 하나님의 말씀인 성경의 가르침 안에서 찾아야 함을 알 수 있다.
2. 사람의 마음에서 나오는 온갖 악한 생각과 악한 행실이 사람을 부정하게 한다는 것을 알고, 말과 행실이 일치하는 삶을 살도록 힘쓴다.

KEYWORD **전통, 말씀, 실천**

I. 찬양과 기도

II. 지난주 실천과제 나눔

III. 복습문제 풀이

복습

1 제자들이 가진 것은 무엇인가? 예수님은 그것을 가지고 어떻게 하셨으며, 몇 명이 먹고, 얼마가 남았는가?(14:17–21)

a) 제자들이 가진 것(17절): 떡 다섯 개와 물고기 두 마리

b) 예수님의 행동(19절): 하늘을 우러러 축사하심

c) 먹은 사람(21절): 여자와 어린이 외에 5,000명

d) 남은 조각(20절): 열두 바구니

Ⅳ. 말씀 마태복음 15:1-28을 다 함께 읽는다

15:1 그 때에 바리새인과 서기관들이 예루살렘으로부터 예수께 나아와 이르되 2 당신의
제자들이 어찌하여 장로들의 전통을 범하나이까 떡 먹을 때에 손을 씻지 아니하나이
다 3 대답하여 이르시되 너희는 어찌하여 너희의 전통으로 하나님의 계명을 범하느냐
4 하나님이 이르셨으되 네 부모를 공경하라 하시고 또 아버지나 어머니를 비방하는
자는 반드시 죽임을 당하리라 하셨거늘 5 너희는 이르되 누구든지 아버지에게나 어
머니에게 말하기를 내가 드려 유익하게 할 것이 하나님께 드림이 되었다고 하기만 하
면 6 그 부모를 공경할 것이 없다 하여 너희의 전통으로 하나님의 말씀을 폐하는도다
7 외식하는 자들아 이사야가 너희에 관하여 잘 예언하였도다 일렀으되 8 이 백성이 입
술로는 나를 공경하되 마음은 내게서 멀도다 9 사람의 계명으로 교훈을 삼아 가르치
니 나를 헛되이 경배하는도다 하였느니라 하시고 10 무리를 불러 이르시되 듣고 깨달
으라 11 입으로 들어가는 것이 사람을 더럽게 하는 것이 아니라 입에서 나오는 그것이
사람을 더럽게 하는 것이니라 12 이에 제자들이 나아와 이르되 바리새인들이 이 말씀
을 듣고 걸림이 된 줄 아시나이까 13 예수께서 대답하여 이르시되 심은 것마다 내 하
늘 아버지께서 심으시지 않은 것은 뽑힐 것이니 14 그냥 두라 그들은 맹인이 되어 맹
인을 인도하는 자로다 만일 맹인이 맹인을 인도하면 둘이 다 구덩이에 빠지리라 하시
니 15 베드로가 대답하여 이르되 이 비유를 우리에게 설명하여 주옵소서 16 예수께서
이르시되 너희도 아직까지 깨달음이 없느냐 17 입으로 들어가는 모든 것은 배로 들어
가서 뒤로 내버려지는 줄 알지 못하느냐 18 입에서 나오는 것들은 마음에서 나오나니
이것이야말로 사람을 더럽게 하느니라 19 마음에서 나오는 것은 악한 생각과 살인과
간음과 음란과 도둑질과 거짓 증언과 비방이니 20 이런 것들이 사람을 더럽게 하는 것
이요 씻지 않은 손으로 먹는 것은 사람을 더럽게 하지 못하느니라 21 예수께서 거기서
나가사 두로와 시돈 지방으로 들어가시니 22 가나안 여자 하나가 그 지경에서 나와서
소리 질러 이르되 주 다윗의 자손이여 나를 불쌍히 여기소서 내 딸이 흉악하게 귀신
들렸나이다 하되 23 예수는 한 말씀도 대답하지 아니하시니 제자들이 와서 청하여 말
하되 그 여자가 우리 뒤에서 소리를 지르오니 그를 보내소서 24 예수께서 대답하여 이
르시되 나는 이스라엘 집의 잃어버린 양 외에는 다른 데로 보내심을 받지 아니하였노
라 하시니 25 여자가 와서 예수께 절하며 이르되 주여 저를 도우소서 26 대답하여 이르
시되 자녀의 떡을 취하여 개들에게 던짐이 마땅하지 아니하니라 27 여자가 이르되 주

여 옳소이다마는 개들도 제 주인의 상에서 떨어지는 부스러기를 먹나이다 하니 28 이
에 예수께서 대답하여 이르시되 여자여 네 믿음이 크도다 네 소원대로 되리라 하시니
그 때로부터 그의 딸이 나으니라

V. 관찰문제의 바른 답

말씀 돋보기(관찰)

1 바리새인과 서기관들은 어디에서 파견되었는가? 그들은 제자들의 어떤 행동을 문제 삼았는가?(15:1, 2)

a) 바리새인과 서기관들이 파견된 곳(1절): 예루살렘(총회)

b) 바리새인들이 문제 삼은 제자들의 행동(2절): 떡 먹을 때 손을 씻지 않음으로 장로들의 전통을 범했다는 것

Tip

예수님의 가르침은 바리새인들이 반영하는 보수 유대교를 자극했다. 유대교 최고 기관인 예루살렘 총회는 예수님을 처단하는 데 필요한 꼬투리를 잡기 위해 바리새인들과 서기관들을 파견해 예수님의 가르침에 대해 알아보게 했다.

이전에 바리새인들은 제자들이 안식일 율법을 범했다며 문제 삼았는데(12:1–7), 이번에는 제자들이 식사할 때 손을 씻지 않아 장로들의 전통을 범했다고 지적한다. 장로들의 전통은 바리새인들이 율법을 해석해 행동 규칙으로 만든 구전 법전을 말한다. 율법에는 부정한 사람이 손을 씻지 않은 채 누구를 만지면 그 사람도 부정하게 된다는 내용이 기록되어 있지만(레 15:11), 사람이 음식을 먹기 전에 손을 씻어야 한다는 내용은 없다. 이는 구전 법전에 있는 내용으로, 제사장들이 성전에서 사역을 시작하기 전에 물두멍에서 손과 발을 씻어야 한다는 율법(출 30:18–21)을 일반인들의 식사에 적용한 것이다. 바리새인들은 그들이 개발한 구전 법전에 하나님의 율법에 버금가는 권위를 부여했다.

2 예수님이 지적하신 바리새인들의 죄는 무엇이며, 그들이 폐한 하나님의 율법은 무엇인가?(15:5, 6)

a) 바리새인들의 죄(5절): 자기 재산을 하나님께 드리면 부모를 돌보지 않아도 된다며 부모를 공경하지 않은 죄

b) 바리새인들이 폐한 하나님의 율법(6절): 부모를 공경하라는 율법(다섯 번째 계명)

Tip

예수님은 다섯 번째 계명인 '네 부모를 공경하라'(출 20:12)를 언급하시면서 바리새인들과 서기관들이 편법을 만들어 이 율법을 폐하고 있다고 하신다. 바리새인들의 구전 법전은 누구든지 자기 재산을 하나님께 드리면 부모를 돌보지 않아도 된다고 했다. 마가는 하나님께 드림을 '고르반'이라 부르는데, 바리새인들의 고르반 법은 사람이 자기 재산이나 돈을 성전에 헌납하는 제도였다. 고르반을 서원한 사람은 살아 있는 동안 자기 재산을 마음껏 활용할 수 있으며, 그가 죽으면 남은 재산이 성전에 헌납되었다. 이 법에 따르면 서원한 사람은 자기 재산을 다른 사람과 나누거나 누릴 수 없기 때문에 그들은 부모를 돌볼 필요가 없다고 주장했다.

고대 근동 지역에서는 나이 들어 노동력을 상실한 노인들이 집에서 쫓겨나 길거리에 내몰리는 일들이 있었다. 따라서 부모를 공경하라는 계명은 힘없는 노부모의 인권을 보호하는 데 본래 취지가 있는 것으로, 늙고 병든 부모가 최소한의 존엄성을 유지하며 살 수 있도록 자식들이 재정적으로 돌보아야 한다는 계명이다. 바리새인들은 그들이 만든 고르반 법으로 부모를 공경하라는 하나님의 율법을 폐하는 심각한 죄를 저지르고 있다. 예수님은 바리새인들이 인간의 전통으로 하나님의 말씀을 무효화하고 있다며 맹렬히 비난하신다.

3 사람을 더럽게 하는 것에 대한 예수님과 바리새인의 의견에는 어떤 차이가 있는가? 이 비유가 강조하는 점은 무엇인가?(15:11, 17-20, Tip 참조)

a) 의견 차이(11절): 바리새인들은 입으로 들어가는 것이 사람을 더럽게 한다고 가르치고, 예수님은 입에서 나오는 것이 사람을 더럽게 한다고 가르치심

b) 비유의 강조점(Tip 참조): 영적 부정함이 육체적 부정함보다 더 심각한 범죄라는 사실을 강조함

Tip 바리새인들은 입으로 들어가는 것이 사람을 부정하게 한다고 가르쳤다. 그래서 제자들이 식사 전에 손을 씻지 않자 이를 문제 삼은 것이다. 하지만 예수님은 사람의 입에서 나오는 것이 그를 더럽게 한다고 말씀하신다. 이 비유는 사람의 마음에서 언행으로 흘러나오는 영적 부정함이 육체적 부정함보다 더 심각한 범죄라는 사실을 강조한다.

사람의 입으로 들어가는 음식은 이를 먹은 사람과 하나님의 관계에 별 영향을 미치지 않기 때문에 사람을 부정하게 하지 않는다. 반면에 마음에서 나오는 것은 사람을 부정하게 한다. 사람이 하나님께 저지르는 죄가 대부분 마음에서 시작되기 때문이다. 악한 마음에서 나오는 것은 온갖 악한 생각과 행실이다. 악한 생각에서는 살인, 간음, 음란, 도둑질, 거짓 증언, 비방이라는 악한 행실만 나온다. 이런 것들이 하나님 앞에서 사람을 부정하게 하지, 바리새인들이 문제 삼는 씻지 않은 손으로 식사하는 일은 사람을 더럽게 하지 못한다. 예수님은 구약 말씀 이외의 것들은 준수하거나 인정하기를 거부하신다. 하나님의 말씀이 아니라 사람들이 만들어 낸 계명이기 때문이다.

4 귀신 들린 딸을 고쳐 달라는 가나안 여인의 청에 예수님은 어떻게 반응하셨는가? 그렇게 반응하신 이유는 무엇인가?(15:22-24, Tip 참조)

a) 예수님의 반응(22-23절): 한 말씀도 대답하지 않으심

b) 이유(Tip 참조): 여인이 얼마나 간절히 딸의 치료를 원하는지 테스트하기 위해서

Tip 예수님은 이방인 선교를 위해 두로와 시돈으로 들어가셨다. 두로와 시돈은 이스라엘과 끊임없이 갈등을 빚어 온 곳으로, 이스라엘에 이 지역은 '땅끝'과 같은 곳이다. 그러므로 제자들이 이곳에서 전도할 수 있다면, 세상 어느 곳이든 갈 수 있다.

그곳에서 예수님은 흉악하게 귀신 들린 딸을 치료해 달라고 호소하는 가

나안 여인을 만나신다. 하지만 예수님은 여인에게 아무런 대꾸도 하지 않고 그냥 지나치셨다. 예수님이 침묵하신 것은 치료를 거부하신 것이 아니라, 여인이 얼마나 간절히 딸의 치료를 원하는지 테스트하기 위함이다. 여인이 예수님을 '주 다윗의 자손'으로, 그리고 세 차례나 '주'라고 부르는 것은 예수님이 메시아이심을 고백하는 것이다. 즉, 여인은 누가 자기 딸을 치료할 수 있는지 정확히 알고 있다. 그녀는 딸을 살릴 기회를 놓치지 않고 도와 달라고 소리 질렀다. '소리 지르다'는 현재형 동사로 쉬지 않고 질렀다는 뜻이다. 딸을 살리고 싶은 절박한 어머니의 울부짖음이다.

5 예수님은 유대인과 이방인을 무엇에 비유하셨는가? 이 말씀에 여인은 어떻게 반응했는가?(15:26-27)

a) 예수님의 비유(26절): 유대인은 자녀, 이방인은 개로 비유하심

b) 여인의 반응(27절): 개들도 주인의 상에서 떨어지는 부스러기를 먹는다며 자신을 끝까지 낮춤

Tip 예수님은 여인의 믿음을 한 번 더 시험하기 위해 자녀의 떡을 취해 개들에게 던짐이 마땅하지 않다며 잔인한 말씀을 하신다. 예수님은 유대인들을 자녀로, 이방인들을 개로 비유하신다. 여인이 이처럼 치욕적인 말을 듣고 화를 낸다 해도 그 누구도 그녀가 잘못했다고 하지 않을 것이다. 그러나 흉악하게 귀신이 들려 고생하는 딸을 생각하면 그럴 만한 여유가 없다. 그녀에게 자존심은 사치에 불과하다. 여인은 예수님이 비유에서 사용하신 언어들을 이용해 개들도 주인의 상에서 떨어지는 부스러기는 얻어먹는다며 한 번 더 도움을 청한다. 드디어 여인은 예수님의 테스트에 통과했다! 예수님은 그녀의 믿음에 탄복해 "여자여 네 믿음이 크도다"라고 칭찬하시며 "네 소원대로 되리라"라고 말씀하셨다.

믿음은 끝까지 자신을 낮추며, 끝까지 포기하지 않고 하나님의 은혜를 바라는 것이다. 이런 믿음으로 하나님께 구하면, 설령 하나님이 다른 계획을 가지고 계신다 할지라도 믿음으로 구하는 사람을 위해 항상 예외를 만드신다.

삶의 내비게이션(적용)

1 예수님은 믿음을 테스트하기 위해 이방인을 개에 비유하며 잔인한 말씀을 하셨지만, 가나안 여인은 자신을 낮추며 끝까지 포기하지 않고 하나님의 은혜를 구했다. 당신이 절망적인 상황에서도 포기하지 않고 끝까지 낮아져서 간절히 구했던 기도는 무엇인가?

관찰문제 5번 참고. 이 말씀은 믿음과 하나님의 계획에 대해 생각하게 한다. 믿음은 자신을 끝까지 낮추며, 끝까지 포기하지 않고 하나님의 은혜를 바라는 것이다. 이런 믿음으로 하나님께 구하면 설령 하나님이 이미 확고한 계획을 가지고 계시더라도 믿음으로 구하는 사람을 위해 항상 예외를 만드신다. 가나안 여인의 믿음이 예외를 만들었다.

구약에는 하나님의 계획에 예외가 생기는 경우가 종종 있다. 대표적인 사례가 여호수아서에 기록되어 있다. 하나님은 가나안 정복을 앞둔 이스라엘 백성에게 가나안 사람을 모두 진멸하라고 여러 차례 말씀하셨다. 진멸은 남녀노소 가리지 않고 모두 죽이는 것을 말한다. 그러나 하나님은 가나안 여인 라합의 믿음을 보시고 그녀와 가족들을 살리셨고(수 2, 6장), 가나안 성읍 기브온 사람들의 믿음을 보시고 온 성 사람들을 살리셨다(수 9장). 가나안 사람들을 진멸하시는 일에 예외를 두신 것이다.

이처럼 믿음은 하나님이 이미 계획하셨더라도 예외를 두게 한다. 중요한 것은 포기하지 않고 믿음으로 구하는 것이다. 질병으로 시한부 인생을 선고받았지만 기도하면서 건강을 회복한 사례, 불의의 사고로 모든 것을 잃었을 때 기도로 다시 일어서게 된 경험, 억울한 일을 당해 관계를 끊어 버리고 싶었지만 자신의 뜻과 생각을 내려놓고 기도했을 때 상대방을 이해하고 용서하게 된 경험 등은 믿음으로 구한 대표적인 예다. 상황이 바뀌지 않더라도 하나님은 기도하는 자의 마음을 바꾸셔서 절망에서 소망으로 인도하신다.

2 바리새인들은 고르반 법에 따라 재산을 성전에 헌납한 사람은 부모를 돌볼 필요가 없다고 주장하면서 부모를 공경하라는 하나님의 말

씀을 폐했다. 예수님은 말과 행동이 일치하지 않는 그들을 향해 '외식하는 자'라고 비난하셨다. 당신이 핑계 대며 부모님께 효와 공경을 다하고 있지 않는 것은 무엇인가? 만약 부모님이 돌아가셨다면 가장 후회되는 점은 무엇인가?

관찰문제 1, 2번 참고. 예수님은 마태복음 10장 37-39절에서 하나님 나라가 가족보다 더 우선되어야 하며, 가족보다 주님을 더 사랑해야 한다고 하셨다. 한편, 마태복음 15장에서는 하나님을 더 사랑한다는 핑계로 가족들을 등한시해서는 안 된다고 경고하신다. 하나님 나라의 백성은 두 가지 모두 잘할 수 있다. 바리새인들은 고르반 법을 만들어 하나님을 공경한다는 명목으로 부모를 공경하라는 말씀을 폐하는 어리석음을 범했다. 그들은 말은 그럴싸하게 하지만 행동은 엉망인 '외식하는 자'일 뿐이다.

요한1서 4장 20절은 "누구든지 하나님을 사랑하노라 하고 그 형제를 미워하면 이는 거짓말하는 자니 보는 바 그 형제를 사랑하지 아니하는 자는 보지 못하는 바 하나님을 사랑할 수 없느니라"라고 한다. 부모가 자녀를 키울 때 조건과 핑계를 대지 않고 사랑하듯이 자녀 또한 조건과 핑계를 대지 말고 부모를 공경해야 한다. 하지만 우리는 바쁘다는 핑계로 자주 찾아뵙지 않고, 생활이 어려워지면 부모님 용돈과 생활비부터 줄이고, 자녀와 대화하고 싶은 부모님의 전화를 귀찮아하며 퉁명스럽게 받고, 나이 드신 부모님을 가르치려 하면서 부모님 마음을 노엽게 할 때가 있다. 그래서 부모님이 돌아가신 후 자녀들이 후회하는 것 중에 "사랑합니다! 감사합니다!"라고 말하지 못한 것, 자주 찾아뵙지 못한 것, 부모님 마음을 헤아리지 못한 것 등이 큰 비중을 차지한다. 거창하고 화려하게 효도할 것을 생각하며 내일로 미루기보다는 지금 바로 실천할 수 있는 일을 찾아 부모님에게 진실한 마음을 전하는 것이 우리가 해야 할 일이다.

3 예수님은 사람의 마음에서 나오는 온갖 악한 생각과 악한 행실(살인, 간음, 음란, 도둑질, 거짓 증언, 비방)이 사람을 부정하게 한다고 말씀하신다. 당신이 알면서도 반복하고 있는 잘못된 생각과 행실에는 어떤 것이 있으며, 정결한 삶을 살기 위해 지금 결단할 것은 무엇인가?

관찰문제 3번 참고. 마태는 사람의 마음에서 나오는 죄를 일곱 가지로 나열한다. 그중 첫 번째인 '악한 생각'은 나머지 여섯을 아우르는 말이다. 모든 행실은 생각에서 시작되기 때문이다. 악한 생각에서는 살인, 간음, 음란, 도둑질, 거짓 증언, 비방이라는 악한 행실만 나온다. 이 중에서도 '살인, 간음, 도둑질, 거짓 증언'은 십계명 중 여섯 번째 계명부터 아홉 번째 계명이 금하는 것들이다. 마지막 죄인 '비방'은 남을 헐뜯는 말을 하는 것이며, 또한 예수님을 비난하고 공격하는 종교적인 비방을 뜻한다. 살인이나 간음, 도둑질에 비해 거짓 증언이나 비방은 죄로 여기지 않고 가볍게 생각하는 경우가 있는데, 예수님은 이 모두를 '죄'로 다루신다는 점을 간과해서는 안 된다.

일상에서 대수롭지 않게 생각하고 저지르는 '죄'들이 있다. 다른 사람에 대한 험담, 정확하지 않은 일을 사실인 것처럼 부풀려서 하는 비방의 말, 위기를 모면하기 위해 하는 거짓말, 다른 사람과 자신을 비교하면서 갖는 시기와 질투, 일을 편하고 쉽게 처리하고자 편법을 쓰는 태도, 억울한 상황에 있는 동료나 친구를 못 본 척 외면하는 태도 등은 알면서도 반복하는 죄다. 악한 마음에서 악한 생각과 악한 행동이 나온다는 것을 기억하며, 먼저 우리의 마음을 하나님 앞에서 점검하고 하나님께로 돌이켜야 한다. 각자의 삶에서 습관적으로 반복하고 있는 잘못된 생각이나 행실에는 어떤 것이 있는지 돌아보고 결단하는 시간을 갖는다. 인도자는 행위의 옳고 그름을 판단하는 시간이 아니라 죄에 무감각해져 가는 자신의 마음을 돌아보는 시간이 되도록 이끈다.

Ⅶ. 마무리

기도로 마무리한다.
제4주 관찰문제를 예습해 오게 한다.
실천과제를 제시한다.

생활의 아로마(실천)

예 1) 한 주 동안 '비방'을 '칭찬과 격려의 말'로 바꾸는 연습을 한다.
2) 부모님에게 자주 하지 못했던 공경과 사랑을 구체적으로 실천한다(예: 자주 전화하기, 맛있는 음식 대접하기, 사랑과 감사의 말 표현하기 등).

제3주 성경공부 NOTE

제3주 성경공부 NOTE

제4주 믿음은 크기가 아닌 초점!

마태복음 17:1–27

학습목표

1. 하나님이 우리에게 큰일을 할 잠재력을 주셨고, 그 잠재력으로 하나님의 영광을 드러내는 것이 믿음임을 알 수 있다.
2. 우리가 누리는 권리와 자유가 다른 사람을 실족하게 하는 것이라면 기꺼이 포기하고 남용하지 않는 삶을 실천한다.

KEYWORD **믿음, 잠재력, 책임**

I. 찬양과 기도

II. 지난주 실천과제 나눔

III. 복습문제 풀이

복습

1 사람을 더럽게 하는 것에 대한 예수님과 바리새인의 의견에는 어떤 차이가 있는가? 이 비유가 강조하는 점은 무엇인가?(15:11, 17–20, 관찰문제 3번 Tip 참조)

a) 의견 차이(11절): 바리새인들은 입으로 들어가는 것이 사람을 더럽게 한다고 가르치고, 예수님은 입에서 나오는 것이 사람을 더럽게 한다고 가르치심

b) 비유의 강조점(Tip 참조): 영적 부정함이 육체적 부정함보다 더 심각한 범죄

라는 사실을 강조함

Ⅳ. 말씀 마태복음 17:1-27을 다 함께 읽는다

17:1 엿새 후에 예수께서 베드로와 야고보와 그 형제 요한을 데리시고 따로 높은 산에
올라가셨더니 2 그들 앞에서 변형되사 그 얼굴이 해 같이 빛나며 옷이 빛과 같이 희어
졌더라 3 그 때에 모세와 엘리야가 예수와 더불어 말하는 것이 그들에게 보이거늘 4 베
드로가 예수께 여쭈어 이르되 주여 우리가 여기 있는 것이 좋사오니 만일 주께서 원하
시면 내가 여기서 초막 셋을 짓되 하나는 주님을 위하여, 하나는 모세를 위하여, 하나
는 엘리야를 위하여 하리이다 5 말할 때에 홀연히 빛난 구름이 그들을 덮으며 구름 속
에서 소리가 나서 이르시되 이는 내 사랑하는 아들이요 내 기뻐하는 자니 너희는 그
의 말을 들으라 하시는지라 6 제자들이 듣고 엎드려 심히 두려워하니 7 예수께서 나아
와 그들에게 손을 대시며 이르시되 일어나라 두려워하지 말라 하시니 8 제자들이 눈
을 들고 보매 오직 예수 외에는 아무도 보이지 아니하더라 9 그들이 산에서 내려올 때
에 예수께서 명하여 이르시되 인자가 죽은 자 가운데서 살아나기 전에는 본 것을 아무
에게도 이르지 말라 하시니 10 제자들이 물어 이르되 그러면 어찌하여 서기관들이 엘
리야가 먼저 와야 하리라 하나이까 11 예수께서 대답하여 이르시되 엘리야가 과연 먼
저 와서 모든 일을 회복하리라 12 내가 너희에게 말하노니 엘리야가 이미 왔으되 사람
들이 알지 못하고 임의로 대우하였도다 인자도 이와 같이 그들에게 고난을 받으리라
하시니 13 그제서야 제자들이 예수께서 말씀하신 것이 세례 요한인 줄을 깨달으니라
14 그들이 무리에게 이르매 한 사람이 예수께 와서 꿇어 엎드려 이르되 15 주여 내 아
들을 불쌍히 여기소서 그가 간질로 심히 고생하여 자주 불에도 넘어지며 물에도 넘어
지는지라 16 내가 주의 제자들에게 데리고 왔으나 능히 고치지 못하더이다 17 예수께
서 대답하여 이르시되 믿음이 없고 패역한 세대여 내가 얼마나 너희와 함께 있으며 얼
마나 너희에게 참으리요 그를 이리로 데려오라 하시니라 18 이에 예수께서 꾸짖으시니
귀신이 나가고 아이가 그 때부터 나으니라 19 이 때에 제자들이 조용히 예수께 나아
와 이르되 우리는 어찌하여 쫓아내지 못하였나이까 20 이르시되 너희 믿음이 작은 까
닭이니라 진실로 너희에게 이르노니 만일 너희에게 믿음이 겨자씨 한 알 만큼만 있어
도 이 산을 명하여 여기서 저기로 옮겨지라 하면 옮겨질 것이요 또 너희가 못할 것이

없으리라 21 (없음) 22 갈릴리에 모일 때에 예수께서 제자들에게 이르시되 인자가 장차
사람들의 손에 넘겨져 23 죽임을 당하고 제삼일에 살아나리라 하시니 제자들이 매우
근심하더라 24 가버나움에 이르니 반 세겔 받는 자들이 베드로에게 나아와 이르되 너
의 선생은 반 세겔을 내지 아니하느냐 25 이르되 내신다 하고 집에 들어가니 예수께서
먼저 이르시되 시몬아 네 생각은 어떠하냐 세상 임금들이 누구에게 관세와 국세를 받
느냐 자기 아들에게냐 타인에게냐 26 베드로가 이르되 타인에게니이다 예수께서 이르
시되 그렇다면 아들들은 세를 면하리라 27 그러나 우리가 그들이 실족하지 않게 하기
위하여 네가 바다에 가서 낚시를 던져 먼저 오르는 고기를 가져 입을 열면 돈 한 세겔
을 얻을 것이니 가져다가 나와 너를 위하여 주라 하시니라

건너뛴 장 내용 요약

16장 표징 요구(1–4절), 바리새인과 사두개인들의 누룩(5–12절), 베드로의 고백(13–20절), 첫 번째 수난에 대한 말씀(21–23절), 제자의 길(24–28절)

V. 관찰문제의 바른 답

말씀 돋보기(관찰)

1 예수님과 함께 산에 오른 세 제자는 누구인가? 예수님의 모습은 어떻게 변형되었으며, 이는 무엇을 상징하고 예고하는가?(17:1–2, Tip 참조)

a) 세 제자(1절): 베드로, 야고보, 요한

b) 예수님의 변형된 모습(2절): 얼굴이 해같이 빛나고, 옷이 빛과 같이 희어짐

c) 상징과 예고(Tip 참조): 예수님이 성육신하기 전에 지니셨던 영광이 드러난 모습이며, 장차 영광스럽게 오실 모습을 예고함

Tip 예수님은 제자 중 베드로, 야고보, 요한을 데리고 높은 산으로 올라가셨다. 제자 중 이 세 명만 데려가신 것은 예수님이 이들을 특별히 가까이하

셨기 때문이다.

세 제자가 지켜보는 가운데 예수님의 모습이 변형되었다. '변형되다'는 겉모습뿐 아니라 깊은 내면까지 변했다는 수동태 동사로 이는 예수님의 변형이 하나님이 하신 일이며, 외모뿐 아니라 신체 모두 바뀌셨음을 드러낸다. 예수님의 얼굴이 해같이 빛나고, 옷은 빛과 같이 희어졌다. 이는 예수님이 성육신하기 전에 지니셨던 영광이 드러난 모습이며, 장차 영광스럽게 오실 모습을 예고하는 것이라 할 수 있다. 예수님은 종말에 의인들이 해와 같이 빛나리라고 하셨는데, 그날에 어떻게 빛날지 이 사건을 통해 우리에게 보여 주신다.

2 예수님은 모습이 변형되신 후 누구와 대화하셨는가? 제자들 곁에 마지막까지 남은 분은 누구인가?(17:3, 8)

a) 예수님과 대화하던 자들(3절): 모세와 엘리야

b) 제자들 곁에 남아 있는 분(8절): 예수님

Tip 제자들은 모세와 엘리야가 와서 예수님과 대화하는 것을 목격했다. 엘리야는 종말에 오실 메시아의 길을 예비하기 위해 먼저 올 선지자이며(말 4:5–6; 마 3:1–3; 11:7–10; 17:9–13), 모세는 종말에 하나님이 세우실 선지자의 모형이다(신 18:18). 이 두 사람은 각각 시내산과 호렙산에서 하나님의 영광을 보았다(출 24:15; 왕상 19:8–16). 예수님은 이 두 사람보다 더 위대하신 분이며, 그들이 산에 올라가 뵙고자 했던 바로 그분(하나님)이시다. 그러므로 모세와 엘리야가 옛적에 산에서 뵈었던 하나님을 만나기 위해 산으로 예수님을 찾아온 것이다. 모세와 엘리야는 구약을 상징하는 사람들이며, 그들이 예수님을 만나러 온 것은 예수님이 구약에 예언된 메시아라는 사실을 증명한다.

베드로는 예수님과 모세와 엘리야를 위해 초막 셋을 짓겠다고 했다. 예수님과 모세와 엘리야의 만남을 종말까지 기념하는 일종의 기념비를 세우길 원했던 것이다. 베드로가 말할 때 빛난 구름이 그들을 덮었고, 구름 속에서 "이는 내 사랑하는 아들이요 내 기뻐하는 자니"라는 말씀이 들려왔다. 하나님의 음성을 듣고 두려워 떨던 제자들이 눈을 들어 주변을 살

펴보니 모세와 엘리야는 없고 오직 예수님만 남았다. 세상 끝 날까지 제자들과 함께할 분은 오직 예수님뿐이다! 따라서 제자들은 오직 예수님 중심으로 살아야 한다.

3 예수님보다 먼저 와서 모든 일을 회복할 엘리야는 누구인가? 그가 할 '회복'은 무엇을 뜻하는가?(17:11-13, Tip 참조)

a) 엘리야가 상징하는 인물(13절): 세례 요한

b) 회복의 뜻(Tip 참조): 메시아를 맞이할 회개와 회심을 위한 모든 준비 작업을 뜻함

Tip 제자들은 어찌 서기관들이 엘리야가 먼저 와야 한다고 하는지 묻는다. 제자들의 질문은 엘리야가 누구인가에 관한 질문이 아니다. 이미 예수님은 엘리야가 세례 요한이라고 하셨다. 제자들은 만일 엘리야가 먼저 와서 주님의 길을 예비한다면 어찌 메시아가 고난을 받아야 하는지 묻고 있다. 제자들이 하는 질문의 취지를 아시는 예수님은 엘리야가 먼저 와서 모든 일을 회복하리라고 말씀하신다. 모든 일을 회복한다는 것은 종말에 있을 최종적인 회복이 아니라, 메시아를 맞이할 회개와 회심을 위한 모든 준비 작업을 뜻한다. 세례 요한이 시작한 회개와 회심 사역은 종말에 가서야 완성될 것이다. 시작은 엘리야인 세례 요한이 했지만 마무리는 예수님이 하시기 때문이다.

예수님의 말씀을 듣고 난 제자들이 하나님의 계획과 메시아이신 예수님에 대해 조금씩 더 알아 가고 있다. 이처럼 신앙생활에는 단계와 순서가 있다. 하나님의 구속사에 단계와 순서가 있기 때문이다. 욕심 같아서는 한순간에 모든 것을 알고 싶겠지만 그렇게 할 수 없는 것이 깨달음이다.

4 제자들이 간질로 고생하는 아이를 고치지 못한 이유는 무엇인가? 예수님은 믿음을 무엇에 비유하시는가?(17:19-20)

a) 고치지 못한 이유(20절): 믿음이 작은 까닭

b) 믿음에 대한 비유(20절): 겨자씨 한 알

Tip

예수님이 세 제자와 함께 산에서 내려오시자 무리 중 한 사람이 나와 예수님께 자기 아들을 불쌍히 여겨 달라고 했다. 아이는 간질로 발작이 일어나면 물불을 가리지 않고 아무 곳에나 쓰러졌다. 매우 위험한 상황이다. 아버지는 이런 아이를 고쳐 달라며 제자들에게 갔지만 제자들은 아이를 고치지 못했다. 예수님은 이미 제자들에게 귀신을 쫓고 병을 낫게 하는 권세를 주셨고(10:1, 8), 제자들은 예수님이 행하신 여러 기적에 동참한 경험이 있다. 그런데도 아이에게서 귀신을 쫓아내지 못했다는 것은 그들이 영적으로 아직 성숙하지 못했음을 의미한다.

예수님은 그들의 믿음이 작아서 귀신을 쫓아내지 못한 것이라고 하시며, 겨자씨만 한 믿음만 있어도 산을 옮길 수 있다고 하신다. 겨자씨는 당시 알려진 씨앗 중 가장 작은 것이지만, 3–4m까지 자란다. 예수님은 믿음을 겨자씨에 비유하며 믿음이 지니는 큰 잠재력을 강조하신다. 아주 조그마한 믿음만 있어도 참으로 큰일을 할 수 있다는 것이다. 우리가 가진 것은 그다지 중요하지 않다. 하나님이 주시는 능력과 자원으로 하는 것이 중요하다.

5 율법이 정하는 성인 남자의 성전세는 얼마인가? 하나님의 아들인 예수님이 성전세를 내시는 이유는 무엇인가?(17:24–27)

a) 성전세(24절): 반 세겔

b) 성전세를 내시는 이유(27절): 그들(성전세를 거두는 자들과 그들을 보낸 자들)이 실족하지 않게 하기 위해

Tip

율법은 인구 조사를 할 때마다 20–50세 남자 한 사람당 반(半) 세겔을 성전에 내도록 명한다(출 30:10–16). 성전 운영비로 사용하기 위해서다. 각국에 흩어져 살던 유대인 디아스포라 공동체에서는 매년 아달월(2–3월) 15일에 트럼펫 모형의 헌금함을 만들어 이 세금을 징수했다. 팔레스타인 지역에서는 성전에서 파견한 사람들이 곳곳을 돌아다니며 성전세를 징수해 성전으로 보냈다. 이 세금을 받는 자들이 가버나움에서 예수님과 베드로를 만난 것이다.

예수님이 시작하신 하나님 나라 공동체의 멤버들, 곧 참된 이스라엘 사

람들은 세금을 내지 않아도 된다. 그들은 성전이 기념하는 여호와 하나님의 자녀이기 때문이다. 그러나 예수님은 성전세를 거두는 자들과 그들을 보낸 자들이 실족하는 것을 원하지 않으신다. 그들을 배려하는 차원에서 세금을 내시겠다는 뜻이다. 돈이 없으신 예수님은 베드로에게 바다로 가서 낚시를 던져 처음 잡은 물고기 입을 열면 돈 한 세겔을 얻을 것이니 그 돈을 가져다가 자신과 베드로의 성전세로 내라고 하신다. 예수님은 제자들에게 자신의 권리와 자유를 남용함으로써 다른 사람을 실족하게 해서는 안 된다고 가르치신다.

VI. 적용과 나눔

삶의 내비게이션(적용)

1 제자들은 주님께 무한한 능력을 받고도 믿음이 부족해 아이에게서 귀신을 쫓아내지 못했다. 믿음으로 행한다는 것은 우리 안에 계신 하나님이 능력을 행하시게 하는 것을 의미한다. 당신이 하나님의 능력을 믿고 행했을 때 체험한 기적이나 은혜는 무엇인가?

관찰문제 4번 참고. 제자들은 그들의 믿음이 겨자씨보다는 크다고 생각했다. 그러나 믿음은 크기가 중요한 것이 아니라, 어디에 초점을 두고 있느냐가 중요하다. 믿음으로 행한다는 것은 우리가 무언가를 하는 것이 아니라, 우리 안에 계신 하나님이 그분의 리소스(자원)를 이용해 직접 행하시게 하는 것을 의미한다. 이렇게 하려면 우리 믿음이 항상 주님께 초점을 맞추고 있어야 한다. 히브리서 기자는 세상이 감당하지 못할 믿음의 사람들을 소개한 후 그들과 같이 "믿음의 주요 또 온전하게 하시는 이인 예수를 바라보자"(히 12:2)라고 권면한다.

하나님은 우리에게 큰일을 할 잠재력을 주셨다. 그 잠재력을 활용해 하나님의 영광을 드러내는 것이 믿음이다. 즉, 하나님이 우리가 가진 잠재력이다. 이 무한한 능력을 받고도 제자들처럼 믿음이 부족해서 제대로 사용하지 못하고 있는 것은 아닌지 우리 자신을 돌아보아야 한다. 믿음은 우리가 바라는 것을 하나님이 허락하시리라고 확신하는 것이 아니다. 믿음은 자기 자녀를 돌보시는 하나님을 온전히 의지하는 것이며, 우리 안에 계신 하나님이 일하시도록 우리의 삶을 주님 뜻에 복종시키는 것이다. 우리 삶에는 하나님이 질병을 치료해 주시고, 가난에서 벗어나게 하시고, 갈등 관계에 있는 사람과 화목하게 하시고, 죄 가운데서 방황하던 삶을 변화시켜 주시는 등 기적 같은 이야기가 있다. 하지만 우리가 구해야 할 가장 큰 기적은 문제 해결이 아니라 모든 문제 위에 계시는 하나님의 함께하심이다.

2 하나님의 아들이신 예수님은 성전세를 내지 않아도 되지만, 다른 사람이 실족하지 않도록 자신의 권리와 자유를 사용하지 않으신다. 당신이 누리는 권리와 자유로 인해 이웃에게 피해 또는 상처를 준 일은 무엇이며, 이웃을 배려하기 위해 실천하고 있는 것은 무엇인가?

관찰문제 5번 참고. 예수님은 하나님의 아들로서 자신이 왜 성전세를 내지 않아도 되는지 얼마든지 설명하실 수 있었다. 게다가 당시 바리새인들은 모든 유대인이 매년 율법에 따라 의무적으로 세금을 내야 한다고 하면서도 사두개인은 자원하는 사람만 내게 했고, 제사장은 내지 않아도 된다고 했다. 쿰란 공동체의 에세네파 사람들은 평생에 한 번만 내면 되는 세금이라고 했다. 이 율법에 대한 다양한 해석이 존재했던 만큼 예수님도 성전세를 내고 안 내고는 자유라며 내지 않으실 수도 있었다. 그러나 자신의 권리와 자유가 남을 실족하게 할까 봐 그렇게 하지 않으셨다. 하나님의 자녀는 성전세를 내지 않아도 되지만, 우리의 자유나 권리가 이웃에게 상처가 된다면 차라리 그 자유과 권리를 사용하지 않는 것이 믿음이며 미덕임을 가르쳐 주시는 것이다.

공공장소나 대중교통 이용 시 큰 소리로 떠들거나 공공시설물을 훼손 또는 오염시키는 행위, 직장에서 동료나 직원들에게 하는 비인격적인 말이나 행동, 권력을 남용해 사적인 일을 시키는 것, 힘든 일을 당한 사람에게 권면한다면서 정죄하거나 감사를 강요하는 것, 지나친 소음을 유발하는 전도, 불법으로 주차하고 예배드리러 오는 행위 등은 더불어 살아가는 이웃을 배려하는 차원에서 자발적으로 바로잡아야 하는 것들이다. 배려할 책임과 배려받을 권리는 없지만, 예수님은 우리에게 더 높은 차원의 책임과 권리의식을 갖도록 가르치신다.

3 베드로는 예수님과 모세와 엘리야를 위해 초막 셋을 짓겠다고 했으

나, 만남이 끝나고 나니 제자들 곁에는 오직 예수님만 남으셨다. 현재 당신의 삶에 가장 큰 비중을 차지하는 것은 무엇이며, 예수님을 삶의 중심에 모시기 위해 결단하고 노력해야 할 일은 무엇인가?

관찰문제 2번 참고. 베드로는 예수님과 모세와 엘리야를 위해 초막 셋을 세우겠다며 세 인물을 동일시했다. 그러나 만남이 끝나고 나니 그들 곁에는 오직 예수님만 남았다. 예수님은 모세와 엘리야보다 더 위대하신 분이며, 옛적에 성막과 성전에 영광으로 임하셨던 바로 그 하나님이시다. 또한 세상 끝 날까지 우리와 함께하실 분은 모세나 엘리야가 아니며 오직 예수님이시다. 오직 예수님을 우리 삶의 중심에 모시고 살 때, 비로소 하나님이 기뻐하시는 자녀들이 될 것이다.

하지만 많은 그리스도인이 예수님을 삶의 주인으로 고백하면서도 실상은 세상이 추구하는 것에 몰두하며 살고 있다. 부와 명예와 권력과 성공을 얻기 위해 지나치게 몰두하다가 건강을 해치고, 가정이 파괴되고, 관계가 깨어지는 것을 자주 목격하게 된다. 일과를 계획할 때 하나님과 교제하는 시간(말씀 묵상, 기도, 예배, 신앙 서적 읽기 등)을 확보하고, 가족이나 직장 동료 혹은 친구들이 어려움을 당했을 때 신앙적인 위로와 권면을 통해 주님께 인도하는 기회를 만들고, 가정에서 부모와 자녀들이 함께 신앙적인 대화를 나누고 기도하고 취미생활을 공유하면서 기독교적 가치관과 문화를 세우고, 자신이 즐기는 취미나 여행을 통해 주님과 동행하는 경험을 쌓아 가는 등 예수님 중심의 삶을 살아가도록 힘써야 한다.

Ⅶ. 마무리

기도로 마무리한다.
제5주 관찰문제를 예습해 오게 한다.
실천과제를 제시한다.

생활의 아로마(실천)

예 1) 이웃에게 피해를 끼치거나 상처 주는 언행은 무엇인지 돌아보고 바로잡는다.

2) 믿음의 크기에 중점을 두지 않고, 하나님께 초점을 맞추는 삶을 실천한다.

제4주 성경공부 NOTE

제4주 성경공부 NOTE

제5주 용서의 바탕은 '은혜'

마태복음 18:15-35

학습목표

1. 교회는 공동체의 순수성을 지키기 위해 죄를 철저히 징계하되, 회개하는 자에게는 무한정 용서를 베풀어야 한다는 사실을 알 수 있다.
2. 우리는 아무런 자격이 없음에도 하나님께 큰 은혜를 받은 자임을 기억하고 은혜 베푸는 삶을 실천한다.

KEYWORD **권고, 용서, 은혜**

I. 찬양과 기도

II. 지난주 실천과제 나눔

III. 복습문제 풀이

복습

1 예수님과 함께 산에 오른 세 제자는 누구인가? 예수님의 모습은 어떻게 변형되었으며, 이는 무엇을 상징하고 예고하는가?(17:1-2, 관찰문제 1번 Tip 참조)

a) 세 제자(1절): 베드로, 야고보, 요한

b) 예수님의 변형된 모습(2절): 얼굴이 해같이 빛나고, 옷이 빛과 같이 희어짐

c) 상징과 예고(Tip 참조): 예수님이 성육신하기 전에 지니셨던 영광이 드러난

모습이며, 장차 영광스럽게 오실 모습을 예고함

Ⅳ. 말씀 마태복음 18:15-35을 다 함께 읽는다

18:15 네 형제가 죄를 범하거든 가서 너와 그 사람과만 상대하여 권고하라 만일 들으면
네가 네 형제를 얻은 것이요 16 만일 듣지 않거든 한두 사람을 데리고 가서 두세 증인
의 입으로 말마다 확증하게 하라 17 만일 그들의 말도 듣지 않거든 교회에 말하고 교
회의 말도 듣지 않거든 이방인과 세리와 같이 여기라 18 진실로 너희에게 이르노니 무
엇이든지 너희가 땅에서 매면 하늘에서도 매일 것이요 무엇이든지 땅에서 풀면 하늘
에서도 풀리리라 19 진실로 다시 너희에게 이르노니 너희 중의 두 사람이 땅에서 합
심하여 무엇이든지 구하면 하늘에 계신 내 아버지께서 그들을 위하여 이루게 하시리
라 20 두세 사람이 내 이름으로 모인 곳에는 나도 그들 중에 있느니라 21 그 때에 베드
로가 나아와 이르되 주여 형제가 내게 죄를 범하면 몇 번이나 용서하여 주리이까 일
곱 번까지 하오리이까 22 예수께서 이르시되 네게 이르노니 일곱 번뿐 아니라 일곱 번
을 일흔 번까지라도 할지니라 23 그러므로 천국은 그 종들과 결산하려 하던 어떤 임금
과 같으니 24 결산할 때에 만 달란트 빚진 자 하나를 데려오매 25 갚을 것이 없는지라
주인이 명하여 그 몸과 아내와 자식들과 모든 소유를 다 팔아 갚게 하라 하니 26 그 종
이 엎드려 절하며 이르되 내게 참으소서 다 갚으리이다 하거늘 27 그 종의 주인이 불
쌍히 여겨 놓아 보내며 그 빚을 탕감하여 주었더니 28 그 종이 나가서 자기에게 백 데
나리온 빚진 동료 한 사람을 만나 붙들어 목을 잡고 이르되 빚을 갚으라 하매 29 그 동
료가 엎드려 간구하여 이르되 나에게 참아 주소서 갚으리이다 하되 30 허락하지 아니
하고 이에 가서 그가 빚을 갚도록 옥에 가두거늘 31 그 동료들이 그것을 보고 몹시 딱
하게 여겨 주인에게 가서 그 일을 다 알리니 32 이에 주인이 그를 불러다가 말하되 악
한 종아 네가 빌기에 내가 네 빚을 전부 탕감하여 주었거늘 33 내가 너를 불쌍히 여김
과 같이 너도 네 동료를 불쌍히 여김이 마땅하지 아니하냐 하고 34 주인이 노하여 그
빚을 다 갚도록 그를 옥졸들에게 넘기니라 35 너희가 각각 마음으로부터 형제를 용서
하지 아니하면 나의 하늘 아버지께서도 너희에게 이와 같이 하시리라

V. 관찰문제의 바른 답

말씀 돋보기(관찰)

1 예수님은 공동체의 순수성과 평안을 위협하는 죄를 범한 사람을 징계할 때 어떠한 절차를 따르라고 하시는가?(18:15-17)

a) 첫 번째 단계(15절): 죄를 범한 사람을 개인적으로 찾아가 권고함

b) 두 번째 단계(16절): 한두 사람을 데리고 가서 두세 증인의 입으로 확증하게 함

c) 세 번째 단계(17절): 교회에 말함

d) 네 번째 단계(17절): 이방인과 세리와 같이 여김

Tip

예수님은 공동체의 순수성과 평안을 위협하는 죄를 범한 사람을 징계하는 절차를 네 단계로 말씀하신다. 첫 번째 단계는 죄를 범한 사람을 개인적으로 찾아가 권고하는 것이다. 이 원리는 공동체의 순수성과 평안을 위협하는 심각한 죄를 짓거나, 또는 죄로 인해 구성원 사이에 해소되지 않은 불만이 있을 때도 적용된다. 형제를 권고하는 목적은 정죄하거나 비난하기 위해서가 아니라, 회개하고 행실을 바르게 하도록 설득하려는 데 있다.

두 번째 단계는 한두 사람을 데리고 가서 두세 증인의 입으로 말마다 확증하는 것이다. 이때 데려가는 증인들은 죄를 목격한 이들이 아니라, 지은 죄를 확인할 공동체 지도자들이다.

세 번째 단계는 교회에 말하는 것이다. 이는 일종의 재판 절차를 진행하는 것으로, 수집한 증거와 자료들을 온 교회에 제시해야 한다.

네 번째 단계는 이방인과 세리처럼 여기는 것이다. 죄를 범한 형제가 교회의 말을 무시 또는 거부하거나 자기 행실에 대해 아무런 조치를 취하지 않을 때, 공동체에서 제명하고 출교시키라는 의미다. 교회는 회개하는 죄인들이 모인 공동체이기에 그에게 회개의 기회를 주지만, 그 기회를 거부할 때는 언젠가 그가 회개하고 다시 하나님께 나올 날을 기도하며 교회에서 내보내야 한다.

2 예수님은 공동체의 구성원을 받거나 거부하는 권세를 어디에 주셨는가? 교회 지도자들은 징계 절차를 인도하기 위해 어떻게 해야 하는가?(18:17-19)

a) 공동체 구성원을 결정하는 권세를 준 곳(17-18절): 교회

b) 징계 절차를 인도하는 자들에게 요구되는 자세(19절): 합심해서 구하는 것 (기도)

Tip 예수님은 우리가 땅에서 매면 하늘에서도 매일 것이고, 땅에서 풀면 하늘에서도 풀릴 것이라고 하신다. 예수님은 공동체 구성원을 받거나 거부하는 권세를 교회에 주셨다. 교회는 전도와 선교를 통해 자기 죄를 고백하는 이들을 하나님 나라로 데려오는 권세를 받았다. 또한 예수님의 가르침을 정확하게 해석하고 전파함으로써 새로 형성되는 하나님 나라 공동체에 허락된 것과 금지된 것을 가르치는 권세도 받았다.

예수님은 두 사람이 땅에서 합심해 구하면 하늘에 계신 아버지께서 이루실 것이라고 하신다. 이는 사람이 각자의 필요를 채워 달라고 하나님께 구하는 일상적인 기도에 관한 것이 아니라, 징계 과정 중 지도자들이 회개하기를 거부하는 죄인을 대하는 지혜와 성령의 인도하심을 구하는 것에 관한 말씀이다. '두 사람'은 징계 절차를 인도하는 교회 지도자들이며, 예수님은 두세 사람이 주님의 이름으로 모인 곳에 항상 함께하실 것이라고 하신다. 교회 지도자들이 징계 여부와 수위를 결정하기 위해 기도하면 예수님이 함께하셔서 올바른 결정을 하도록 도우실 것이라는 뜻이다. 예수님의 이름으로 모인다는 것은 교회 지도자들이 공동체의 일원이 되어 예수님의 권위에 복종하며 주님과 하나 되는 것을 의미한다.

3 예수님은 죄를 범하고 회개했을 때 몇 번까지 용서하라고 하셨는가? 이 말씀의 의미는 무엇인가?(18:21-22)

a) 예수님이 가르치신 용서(22절): 일곱 번을 일흔 번까지 용서하라

b) 의미: 무한정 용서하라

Tip 예수님은 공동체의 권면을 받아들여 회개하는 형제를 몇 번이나 용서해

야 하는지에 관한 질문에 일곱 번을 일흔 번까지 용서하라고 말씀하신다. 무한정 용서하라는 뜻이다. 예수님은 무지막지한 인간의 무한정 보복을 그리스도인의 무한정 용서로 대체하신다. 당시 율법 선생들은 세 번까지만 용서하라고 가르쳤는데, 이는 반복해서 죄를 짓는 사람은 회개하지 않은 것이기에 용서해도 별 의미가 없다는 생각에서 비롯된 가르침이다.

베드로의 '7'과 예수님의 '77'(혹은 7×70)은 공교롭게도 창세기에 등장하는 징벌과 연관된 숫자다. 창세기 4장에서 하나님은 가인을 해하는 자는 7배의 벌을 받을 것이라고 말씀하시며(창 4:15), 정당방위로 사람을 죽였다고 주장하는 라멕은 자신을 해하는 자는 77배의 벌을 받을 것이라고 한다(창 4:24). 그러므로 예수님의 이 가르침은 보복과 징벌을 용서로 대체하는 것이다. 교회는 죄를 회개하고 용서를 구하는 죄인을 무한정 용서해야 한다. 우리는 하나님의 무한정 용서를 경험한 자들이기 때문이다.

4 주인은 1만 달란트를 빚진 종에게 어떤 판결을 내렸는가? 그 이유는 무엇인가?(18:27)

a) 빚진 종에 대한 판결(27절): 풀어 주고 빚도 탕감해 줌

b) 이유(27절): 그를 불쌍히 여겼기 때문에

Tip

주인이 종들과 결산하는 중에 1만 달란트를 빚진 종이 왕에게 끌려왔다. 상상을 초월하는 금액이 연루된 것으로 보아 이 사람은 온 나라의 재정을 담당하거나 큰 지역을 다스리며 세금을 거두는 총독이었을 것이다. 은 한 달란트(약 32.3㎏)는 6,000데나리온에 달했으며, 한 데나리온이 한 사람의 하루 품삯이었음을 고려하면 은 한 달란트는 한 사람의 20년 치 봉급에 해당한다. 그러므로 1만 달란트는 도저히 상상할 수 없는 금액이다. 즉, 이 비유는 과장법을 사용하고 있다.

주인은 눈물로 호소하는 종을 불쌍히 여겨 풀어 주고 빚도 탕감해 주었다. '불쌍히 여기다'는 상대에게 주어야 할 것을 주지 않는 것으로, 종에게 마땅히 내려야 할 벌을 내리지 않는 것이다. 주인은 종이 이 돈을 절대 갚을 수 없다는 것을 알고 빚을 탕감해 주었다. '탕감하다'는 완전히

취소해 주었다는 뜻이다.

5 이 비유에서 종이 빚을 탕감받은 일은 무엇을 상징하는가? 그리스도인이 이웃을 용서해야 하는 이유는 무엇인가?(Tip 참조)

a) 상징: 그리스도인이 하나님께 받은 용서

b) 이유: 우리는 하나님께 무한정 용서를 받은 자이기 때문에

Tip 예수님은 형제가 죄를 회개하면 무한정 용서하라고 권면하신 후, 왜 그들을 무한정으로 용서해야 하는지 비유를 통해 설명하신다. 이 비유에서 종이 주인에게 빚을 탕감받은 일은 그리스도인이 하나님께 받은 용서를 상징적으로 보여 준다. 하나님께 무한정 용서를 받았으니 이웃을 용서하라고 말씀하신다. 상상을 초월하는 큰 빚을 탕감받았으니, 남이 진 작은 빚을 탕감해 주는 일에 인색하지 말라는 권면이다.

33절의 '불쌍히 여기다'는 상대방이 받을 자격이 없는데 거저 주는 것을 의미한다. 우리가 하나님께 받은 은혜가 그렇다. 은혜를 경험한 사람만이 남에게 은혜를 베풀 수 있다. 그러므로 아무리 하나님의 용서와 은혜에 감사하는 기도와 찬양을 드려도 주님 안에서 한 공동체가 된 형제자매들에게 은혜를 베풀지 않는다면, 그것은 위선이다. 용서는 받을 자격이 없는 상대방에게 화해와 은혜를 베푸는 것이다.

VI. 적용과 나눔

삶의 내비게이션(적용)

1 예수님은 공동체의 순수성과 평안을 지키기 위해 징계가 필요하다고 말씀하신다. 당신의 공동체 안에서 죄를 지은 형제에게 죄를 깨닫게 하고 죄에서 떠나도록 권고한 경험이 있다면 무엇인가?

관찰문제 1, 2번 참고. 교회는 예배와 가르침과 친교의 장소일 뿐 아니라 하나님 백성이 영적으로 잘 성장하도록 훈육하는 곳이다. 징계는 참으로 어려운 일

이지만 안타까운 마음으로 기도하며 준비하고, 그 사람의 회복을 소망하는 마음으로 행해야 한다. 그래야 공동체가 살고 그 사람도 산다. 징계하지 않는 것은 지옥으로 가는 것을 방관하는 것이며, 교회 스스로 공의와 정의를 멀리하는 것이다. 징계 과정에서 중요한 요소는 합심해서 기도하는 것이다. 징계를 인도하는 자들이 지혜롭게 잘 판결하고, 죄를 범한 형제가 회개하고 돌아올 수 있도록 함께 기도해야 한다.

오늘날 한국 교회가 몰락하고 부패한 원인 중 하나는 징계가 이뤄지지 않기 때문이다. 목회자 차원의 징계도 없고, 성도들 차원의 징계도 사라졌다. 심지어 한 교회에서 징계해 출교시키면 다른 교회에서 직분을 주며 환영하는 시대가 되었다. 이런 일이 당장에는 좋아 보여도, 나중에는 화가 되어 그를 환영한 교회를 괴롭게 할 수 있음을 명심해야 한다. 동역하는 형제자매가 교회 재정을 불합리하게 사용할 때, 육체적인 쾌락을 즐기며 성적으로 타락해 갈 때, 정당한 대우를 하지 않고 노동이나 임금을 착취할 때, 거짓이나 부풀린 말로 이간질하며 공동체를 분열시킬 때 아픈 말로 권고하고 눈물로 기도한 경험과 그 과정을 통해 어떤 유익을 얻었는지 이야기해 본다.

2 예수님은 공동체의 권면을 받아들이고 죄를 회개하는 형제를 무한정 용서하라고 가르치셨다. 당신이 다른 사람의 잘못을 끝까지 용서한 일은 무엇인가? 현재 용서하지 못하고 있는 사람이 있다면 그 일을 위해 어떤 노력을 하고 있는가?

관찰문제 3번 참고. 성경은 우리가 서로를 용서하고 용납하는 일에 끝이 없어야 함을 가르쳐 준다. 우리가 하나님의 무한한 용서를 경험했으니, 하나님의 자비로운 용서를 받은 사람으로서 다른 사람을 관대하게 용서하는 것은 당연한 일이라는 논리다. 그러나 한 가지 기억해야 할 것이 있다. 용서는 강요해서 되는 것이 아니라는 점이다. 용서할 사람이 시간을 충분히 가지고 가해자를 용서할 마음의 준비가 이뤄질 때 비로소 용서할 수 있다. 그러므로 용서에는 하나님의 때가 이르기를 기다리는 기다림이 필요하다.

산상 수훈이나 예수님의 가르침은 최종적으로 하나님 나라가 임할 때 완성될 이상적인 모습이지만, 우리는 이 땅에서 사는 동안 예수님이 가르쳐 주신 새로운 윤리 기준을 바탕으로 제자의 삶을 실천해야 한다. 다른 사람을 무한정 용서하는 것이 당장은 어렵더라도 용서하기 위해 노력하고, 온전히 용서할 수 없을지라도 실망하거나 낙심하지 말아야 한다. 각자의 삶에서 어릴 적에 자신을 버린 부모를 용서한 이야기, 가족을 떠난 남편과 아내가 가정으로 돌아온 이야기, 과거에 피해를 준 사람에게 용서를 빌고 용서받은 이야기, 관계를 회복하고 싶지만 사과하거나 사과받지 못해 여전히 어려운 관계로 남아 있는 이야기 등을 나눈다. 인도자는 구성원들이 서로 용서와 화해를 강요하지 않도록 이끈다.

3 하나님은 자격 없는 우리를 불쌍히 여겨 죄를 용서하시고 한없는 은혜를 베푸셨다. 당신은 은혜받은 자로서 다른 사람에게 어떤 은혜를 베풀며 살기를 원하는가?

관찰문제 5번 참고. 이웃을 용서하는 것은 하나님께 용서를 받았다는 증거다. 하나님이 우리를 용서하실 때 우리에게 이웃 용서하기를 요구하시기 때문이다. 그렇다면 어떻게 이렇게 살 수 있을까? 이 비유는 우리가 빚진 자의 마음으로 살 때 이런 삶이 가능하다고 가르쳐 준다. 우리는 하나님께 큰 빚을 탕감받은 빚진 자들이다. 하나님께 빚진 마음으로 서로를 대할 때 비로소 서로를 용서할 수 있다.

우리는 모두 다른 사람의 은혜를 받으며 성장하고 살아간다. 부모와 자녀, 선후배, 친구와 동료 등의 관계에서 서로 은혜를 주고받으며, 은혜를 다른 사람에게 흘려 보내는 아름다운 이야기가 우리 삶에 있다. 학창 시절 학비를 지원받은 사람이 어려운 학생에게 장학금을 전달하고, 형제가 많은 집에서 자란 사람이 형제간에 대대로 이어 돌봄을 실천하고, 재능 기부가 또 다른 재능 기부로 이어지고, 교회에 처음 왔을 때 받았던 사랑과 돌봄에 감사해 새 가족을 섬기고, 상한 마음을 치유받은 자들이 아픈 사람을 공감하고 위로하는 등 은혜는 또 다른 은혜로 이어진다. 마치 은혜의 파도를 타는 것과 같다! 각자의 인생에서 받은 은혜 중 가장 기억에 남는 은혜는 무엇인지 돌아보고, 앞으로 어떤 은혜를 나누며 살기를 원하는지 나누어 본다.

Ⅶ. 마무리

기도로 마무리한다.
제6주 관찰문제를 예습해 오게 한다.
실천과제를 제시한다.

생활의 아로마(실천)

예 1) 도움이 필요한 사람들에게 생활 속에서 실천할 수 있는 구체적인 도움을 제공한다.

2) 남에게 상처 주는 일은 없었는지 돌아보고, 다른 사람을 아프게 하거나 잘못한 일이 있다면 적극적으로 사과한다.

제5주 성경공부 NOTE

제5주 성경공부 NOTE

제6주 선행 < 순종

마태복음 19:16-30

학습목표

1. 구원은 사람의 선행이나 노력으로 얻어지는 것이 아니라 오직 하나님이 결정하시고 이루신다는 사실을 믿는다.
2. 하나님 나라를 위해 이 땅에서 버리고 희생할수록 하늘에 상급이 쌓인다는 것을 알고, 희생하고 헌신하는 삶을 실천한다.

KEYWORD **선행, 순종, 상급**

I. 찬양과 기도

II. 지난주 실천과제 나눔

III. 복습문제 풀이

복습

1 예수님은 공동체의 순수성과 평안을 위협하는 죄를 범한 사람을 징계할 때 어떠한 절차를 따르라고 하시는가?(18:15-17)

a) 첫 번째 단계(15절): 죄를 범한 사람을 개인적으로 찾아가 권고함

b) 두 번째 단계(16절): 한두 사람을 데리고 가서 두세 증인의 입으로 확증하게 함

c) 세 번째 단계(17절): 교회에 말함

d) 네 번째 단계(17절): 이방인과 세리와 같이 여김

Ⅳ. 말씀 마태복음 19:16-30을 다 함께 읽는다

19:16 어떤 사람이 주께 와서 이르되 선생님이여 내가 무슨 선한 일을 하여야 영생을
얻으리이까 17 예수께서 이르시되 어찌하여 선한 일을 내게 묻느냐 선한 이는 오직 한
분이시니라 네가 생명에 들어 가려면 계명들을 지키라 18 이르되 어느 계명이오니이까

예수께서 이르시되

살인하지 말라,

간음하지 말라,

도둑질하지 말라,

거짓 증언 하지 말라,

19 네 부모를 공경하라,

네 이웃을 네 자신과 같이 사랑하라

하신 것이니라 20 그 청년이 이르되 이 모든 것을 내가 지키었사온대 아직도 무엇이
부족하니이까 21 예수께서 이르시되 네가 온전하고자 할진대 가서 네 소유를 팔아 가
난한 자들에게 주라 그리하면 하늘에서 보화가 네게 있으리라 그리고 와서 나를 따르
라 하시니 22 그 청년이 재물이 많으므로 이 말씀을 듣고 근심하며 가니라 23 예수께서
제자들에게 이르시되 내가 진실로 너희에게 이르노니 부자는 천국에 들어가기가 어려
우니라 24 다시 너희에게 말하노니 낙타가 바늘귀로 들어가는 것이 부자가 하나님의
나라에 들어가는 것보다 쉬우니라 하시니 25 제자들이 듣고 몹시 놀라 이르되 그렇다
면 누가 구원을 얻을 수 있으리이까 26 예수께서 그들을 보시며 이르시되 사람으로는
할 수 없으나 하나님으로서는 다 하실 수 있느니라 27 이에 베드로가 대답하여 이르되
보소서 우리가 모든 것을 버리고 주를 따랐사온대 그런즉 우리가 무엇을 얻으리이까
28 예수께서 이르시되 내가 진실로 너희에게 이르노니 세상이 새롭게 되어 인자가 자
기 영광의 보좌에 앉을 때에 나를 따르는 너희도 열두 보좌에 앉아 이스라엘 열두 지
파를 심판하리라 29 또 내 이름을 위하여 집이나 형제나 자매나 부모나 자식이나 전토
를 버린 자마다 여러 배를 받고 또 영생을 상속하리라 30 그러나 먼저 된 자로서 나중
되고 나중 된 자로서 먼저 될 자가 많으니라

말씀 돋보기(관찰)

1 예수님은 영생을 얻으려면 어떻게 하라고 말씀하시는가? 그 구체적인 예는 무엇인가?(19:17-19)

a) 영생을 얻는 방법(17절): 계명을 지키는 것

b) 구체적인 예(18-19절): 살인하지 말라, 간음하지 말라, 도둑질하지 말라, 거짓 증언 하지 말라, 네 부모를 공경하라, 네 이웃을 네 자신과 같이 사랑하라

Tip 한 부자 청년이 예수님을 찾아와 무슨 선한 일을 해야 영생을 얻을 수 있는지 물었다. '영생'은 하나님이 인정하신 삶으로, 현재에 있는 하나님 나라와 종말에 있을 하나님 나라의 일부가 되는 삶을 뜻한다. 그는 선행을 통해 영생을 소유할 수 있다고 생각했고, 구원을 하나님이 이루시는 것이 아니라 자기가 얻는 것으로 생각했다.

예수님은 생명에 들어가려면 하나님이 주신 계명을 지키라고 하시며, '살인하지 말라, 간음하지 말라, 도둑질하지 말라, 거짓 증언 하지 말라, 네 부모를 공경하라, 네 이웃을 네 자신과 같이 사랑하라'라는 여섯 가지 계명을 말씀하신다. 예수님은 십계명 중 여섯 번째 계명부터 아홉 번째 계명을 먼저 말씀하시고 다섯 번째 계명인 부모 공경을 언급하신 후 "네 이웃을 네 자신과 같이 사랑하라"라고 말씀하시는데, 부모는 우리가 가장 우선순위로 생각해야 할 '이웃'이기 때문이다. 예수님이 첫 번째 돌판에 새겨진 율법을 말씀하지 않으신 이유는 두 번째 돌판에 새겨진 계명(이웃을 윤리적으로 대하는 것에 관한 계명)을 얼마나 신실하게 준수하는지가 첫 번째 돌판에 새겨진 계명(하나님과의 관계에 대한 계명)들을 어떻게 대하는지 알 수 있는 지표가 되기 때문이다.

2 예수님이 부자 청년에게 제시한 제자도는 무엇이며, 이 도전을 들은 청년의 반응은 어떠했는가?(19:21-22)

a) 제자도(21절): 소유를 팔아 가난한 자들에게 주고 예수님을 따르는 것

b) 청년의 반응(22절): 근심하며 돌아감

Tip 예수님은 하나님처럼 온전하고자 한다면 재산을 모두 처분해 가난한 사람들에게 나눠 주고 예수님을 따르라고 하신다. '온전'은 나뉘지 않는 마음으로 하는 순종이다. 예수님이 재산을 모두 정리해 가난한 사람들에게 나누어 주라고 하시는 것은 재물이 부자 청년의 삶에서 정체성과 능력과 목표와 의미가 되었기 때문이다. 재물이 그에게 신이 되었다. 따라서 하늘의 신성한 것을 얻으려면 우상을 버리듯 과감하게 이 땅의 것을 버려야 한다. 즉, 예수님은 청년에게 제자의 삶을 제시하신 것이다. 제자도는 자기 자신과 세상 것을 부인할 때 시작된다. 한 발은 하늘나라에 들여놓고 다른 한 발은 이 땅에 들여놓는 것은 제자의 삶이 아니다.

예수님의 도전을 들은 청년은 근심하며 돌아갔다. 그에게 재물이 많았기 때문이다. 그는 온전히 하나님을 사랑하기에는 세상을 지나치게 사랑했다. 이 이야기는 하나님과 재물을 겸해 섬길 수 없다는 말씀을 생각나게 한다. 선행은 자기가 가진 것 중 일부를 나눠 주는 것이지만, 순종은 주님이 쓰시고자 하는 일에 전부를 드리는 것이다. 안타깝게도 이 청년은 평상시에 자선을 행했지만, 제자의 삶인 온전한 순종은 드리지 못했다.

3 부자가 천국에 들어가기 어려운 이유는 무엇인가? 누가 구원을 얻을 수 있는지 질문하는 제자들에게 예수님은 어떻게 대답하시는가?(19:25-26, Tip 참조)

a) 부자가 천국에 들어가기 어려운 이유(Tip 참조): 이 땅에서 많은 것을 누리기에 영생에 대해 절박함이 없기 때문에

b) 예수님의 대답(26절): "사람으로는 할 수 없으나 하나님으로서는 다 하실 수 있느니라"

Tip 부를 포기하지 못한 청년이 돌아가자 예수님은 부자는 천국에 들어가기 어렵다고 말씀하신다. 대부분 부자는 이 땅에서 많은 것을 누리기에 영생에 대해 절박함이 없기 때문이다. 예수님은 부자가 천국에 들어가는 일이 낙타가 바늘귀로 들어가는 것보다 더 어렵다고 하신다. 낙타는 당

시 가나안 지역에서 가장 덩치가 큰 짐승이었고, 바늘귀는 사람들이 일상생활에서 접할 수 있는 가장 작은 구멍이었다. 예수님은 가장 큰 것과 가장 작은 것을 대조하는 과장법을 사용해 부자가 천국에 들어가는 것이 참으로 어려운 일임을 말씀하신다.

당시 많은 유대교 지도자가 부는 하나님의 축복이라고 가르치며 부를 정당화했기 때문에 제자들은 예수님의 말씀에 몹시 놀랐다. 그들은 "이 땅에서 이미 하나님의 복을 받은 부자들이 천국에 갈 수 없다면 누가 구원을 얻을 수 있다는 것인가?" 하고 물었다. '아무도 없다'라는 답을 유도하는 수사학적인 질문이다. 이에 예수님은 사람으로는 할 수 없으나 하나님으로서는 다 하실 수 있다고 대답하신다. 사람이 자신의 노력으로 구원에 이르는 것은 불가능하지만 하나님은 하실 수 있다. 사람의 구원은 오직 하나님이 결정하시고 이루시기 때문이다.

4 모든 것을 포기하고 예수님을 따른 제자들이 하나님 나라에서 받게 될 보상과 상속은 무엇인가?(19:28-29)

a) 보상(28절): 열두 보좌에 앉아 이스라엘 열두 지파를 심판하는 영광과 권세를 누리게 됨

b) 상속(29절): 영생

Tip

베드로는 재산을 포기하지 못한 부자 청년과 달리 모든 것을 버리고 예수님을 따른 자신과 제자들의 불투명한 미래에 관해 질문한다. 그들의 현실적인 헌신과 희생에 대해 장차 임할 하나님 나라에서 어떤 보상을 받게 되는지 묻는 것이다. 아무런 조건 없이 보상을 요구하지 않고 온전히 하나님만 의지하며 천국 시민으로 사는 것이 가장 좋다. 그러나 삶이 고단하고 힘들 때 장차 받게 될 보상을 생각하며 힘을 낼 수 있다면 하나님께 묻는 것도 좋은 일이다.

종말에 예수님이 영광의 보좌에 앉으실 때 열두 제자는 보좌에 앉아 이스라엘 열두 지파를 심판하는 영광과 권세를 누릴 것이다. 또한 종말에 누구든지 예수님을 위해 집이나 형제나 자매나 부모나 자식 등 사랑하는 이들과 전토를 버린 사람은 모두 여러 배의 보상을 받을 것이다. '여

러 배'를 직역하면 '백 배'다. 이는 포기한 모든 것에 대해 충분한 보상이 있을 것이라는 뜻이다. 영생도 상속할 것이다. 장차 우리가 상속할 것에는 이미 하나님이 우리 몫으로 준비해 두신 영생이 포함되어 있다. 영생은 사람이 노력해서 얻는 것이 아니라 하나님이 예비해 두신 선물이다.

5 '먼저 된 자가 나중 되고, 나중 된 자가 먼저 될 것'이라는 예수님의 말씀이 강조하는 것은 무엇인가?(Tip 참조)

하늘나라에는 차별이 없다는 사실을 강조함

Tip 예수님은 '먼저 된 자가 나중 되고, 나중 된 자가 먼저 될 것'이라는 말씀으로 이 본문을 마무리하신다. 사람들은 나사로 이야기(눅 16:19-31)를 근거로 이 말씀을 하나님 나라에서는 부자와 가난한 자의 위치가 바뀔 것이라는 의미로 해석한다. 혹은 유대인과 이방인의 위치가 바뀔 것이라는 의미로 해석하거나, 제자들의 '으뜸' 논란(18:1-5)을 잠재우기 위해 이렇게 말씀하신 것으로 보기도 한다. 아마도 이 땅에서는 부자와 가난한 자, 권력자와 힘없는 자의 차별이 분명하지만 하늘나라에는 차별이 없다는 사실을 강조하시는 말씀인 듯하다. 또한 먼저 하나님의 백성이 된 사람들에게 자만하지 말라는 경고이기도 하다.

우리는 하나님 나라를 위해 이 땅에서 되도록 많은 것을 희생하고 헌신하는 삶을 살아야 한다. 이는 영생을 누리며 즐길 보상을 위한 가장 확실한 투자이기 때문이다. 썩어 없어질 것으로 영원히 썩지 않을 것을 얻는 투자는 참으로 지혜롭고 귀한 투자다. 나중 된 자가 처음 된다는 말씀처럼 우리에게는 아직 기회가 있다.

Ⅵ. 적용과 나눔

삶의 내비게이션(적용)

1 부자 청년은 선행으로 영생을 얻을 수 있다고 생각했고, 구원을 하나

님이 주시는 선물이 아니라 자기가 이루는 것으로 생각했다. 그는 구원에 대한 잘못된 이해를 가지고 있었다. 당신이 구원받았음을 처음 깨달은 적은 언제인가? 만일 아직 구원의 확신이 없다면 그 이유는 무엇인가?

관찰문제 1, 3번 참고. 우리는 예수 그리스도를 믿음으로 구원을 받는다. 우리의 노력과 선행으로는 구원에 이를 수 없다. 가톨릭이나 다른 종교에서는 사람의 선행이나 노력으로 구원을 이룰 수 있다고 가르치지만, 로마서 3장 28절은 사람이 의롭다 하심을 얻는 것은 율법의 행위에 있지 않고 믿음으로 되는 것이라고 분명히 증거한다. 하지만 많은 그리스도인이 믿음으로 구원받는다는 사실을 알면서도 구원받았다는 확신을 갖지 못하는 것을 종종 보게 된다. 구원과 구원의 확신은 별개의 문제다. 구원은 하나님께로부터 오는 것이기에 변하지 않는 신앙의 본질이다. 하지만 구원의 확신은 참된 신자일지라도 흔들리고, 약해지며 일시 중단될 수 있다(웨스트민스터 신앙 고백 18장 4항). 이렇게 구원의 확신이 흔들리는 이유는 양심에 상처를 주는 죄의 반복, 감당할 수 없는 강렬한 시험, 또는 변화되지 않는 자신의 모습과 게으른 신앙생활 때문이다.

그럼에도 불구하고 성경은 구원의 확신을 가져야 하고 또 가질 수 있다고 분명히 가르친다(롬 8:35-39). 구원의 확신을 유지하기 위해서는 말씀과 기도, 예배를 통해 지속적으로 은혜를 공급받아야 한다. 내 감정이나 상황이 아니라 객관적인 말씀에 근거를 두고 구원받았다는 확신 가운데 살아갈 때 환난이 닥쳐도 우리를 사랑하시는 그리스도 말미암아 넉넉히 이기는 삶을 살아갈 수 있다. 각자 구원받은 사실에 대해 확신하거나 흔들렸던 경험을 나눈다. 구원의 확신은 성령께서 깨닫게 해 주셔야 가질 수 있는 만큼, 인도자는 조급한 마음으로 가르치려 하지 말고 성령께 의지해 함께 기도하는 시간을 갖는다.

2 예수님은 부자 청년에게 재산을 정리해 가난한 사람들에게 나눠 주고 자기를 따르라고 하시지만, 청년은 근심하며 돌아갔다. 선행은 자기가 가진 것 중 일부를 나눠 주는 것이지만, 순종은 주님이 쓰시고자 하는 일에 전부를 드리는 것이다. 당신은 다른 사람에게 어떤 선행을 베풀었으며, 온전한 순종을 위해 지금 당신이 주님께 드릴 것은 무엇인가?

관찰문제 2번 참고. 모든 재산을 처분해 가난한 사람들에게 나눠 주라고 하신 예수님의 말씀은 모든 사람이 당장 실천해야 하는 규범은 아니다. 부자 청년의 경우 재물이 그의 삶에서 우상이 되었기 때문에 예수님이 이렇게 말씀하신 것이다. 예수님은 부자가 천국에 들어갈 수 없다고 하시는 것이 아니라, 재물을 어떻게 사용하는지가 중요한 문제임을 가르치신다. 우리는 하나님의 재물을 맡은 청지기로서 주님이 쓰시겠다고 할 때까지 잘 관리할 책임이 있다. 맡은 것을 잘 관리하고 살다가 언제든지 하나님이 쓰시고자 할 때 하나님의 일에 드리면 된다. 정당하게 벌고 선하게 사용하는 지혜가 필요하다.
선행과 순종은 별개의 이슈다. 선행이 가진 것 중 일부를 나누는 것이고 순종은 전부를 드리는 것이라는 점에서 순종에는 선행 이상의 믿음이 요구된다. 우리는 주변에 있는 가난하고 어려운 이웃에게 먹을 것과 입을 것을 나누어 주고, 신체적·정신적 장애로 일상생활이 불가능한 사람을 도와주고, 입양이나 부모 매칭을 통해 아동에게 다양한 부모 역할을 제공하고, 아동 양육 시설에서 퇴소한 청소년들의 독립을 돕는 등의 선행을 베풀어야 한다. 더불어 신앙인으로서 하나님과 친밀한 교제를 위해 말씀 묵상, 기도, 예배의 시간을 구체적으로 계획하고, 가진 것을 주님께 드리는 온전한 순종을 실천해야 한다. 슬기로운 신앙생활을 위해 선행과 순종은 끝까지 함께 가야 한다.

3 모든 것을 버리고 예수님을 따른 제자들은 그들의 희생과 헌신에 대한 보상을 기대했다. 당신이 미래를 생각할 때 불안한 점은 무엇이며, 예수님께 구하고 있는 미래의 모습은 무엇인가?

관찰문제 4번 참고. 하나님은 우리가 이 땅에서 예수님 때문에 드리는 헌신을 참으로 귀하게 여기실 뿐 아니라, 반드시 여러 배로 보상하실 것이다. 그러므로 우리가 이 땅에서 드리는 희생과 헌신은 하나님 나라에서 백 배의 수익을 낼 투자라 할 수 있다. 만일 부자 청년이 하나님 나라를 위해 재산을 가난한 사람들에게 나눠 주고 예수님을 따랐다면 그가 천국에서 받을 보상은 상상을 초월할 정도로 컸을 것이다. 썩어 없어질 것으로 영원히 썩지 않을 것을 얻는 투자는 참으로 지혜롭고 귀한 것이다. "나중 된 자가 처음 된다"라는 예수님의 말씀은 우리 모두에게 아직 기회가 있음을 가르쳐 준다.
우리는 불확실한 미래와 질병, 죽음, 인간관계, 일 등으로 인해 불안을 경험하며 살아간다. 특히 치료가 어렵거나 불가능한 질병에 걸렸을 때, 실직이나 사업의 실패로 극한 어려움에 처했을 때, 학업이나 취직이 생각했던 대로 진행되지 않을 때, 사람과의 관계 속에서 심각한 갈등이 지속될 때 불안이 더욱 가중되기도 한다. 이렇듯 삶이 고단하고 지칠 때는 장차 유업으로 받을 하나님 나라를 바라보며 이미 우리에게 상급으로 주어진 '영생', 곧 유일하신 하나님과 그가 보내신 예수 그리스도를 알고(요 17:3) 그분과 친밀한 관계 안에서 살아가는 지혜를 구해야 한다. 각자 어려운 환경 가운데서 예수님께 구하고 있는 미래의 모습은 무엇인지 이야기해 본다.

Ⅶ. 마무리

기도로 마무리한다.
제7주 관찰문제를 예습해 오게 한다.
실천과제를 제시한다.

생활의 아로마(실천)

예 1) 수입에서 하나님 나라를 위해 어느 정도 사용하고 있는지 점검하고, 필요한 곳에 흘려 보낸다.

2) 구원에 대한 확신을 갖는 데 방해되는 죄나 게으른 신앙생활, 잘못된 생각 등을 바로잡는다.

제6주 성경공부 NOTE

제6주 성경공부 NOTE

제7주 잎(입)만 무성한지…

마태복음 21:1-22

학습목표

1. 교회는 기도하는 곳이며, 이웃에게 선을 베풂으로써 참다운 교회의 기능을 회복해야 한다는 것을 알 수 있다.
2. 그리스도인은 말만 그럴싸하게 하는 것이 아니라 교회 안팎에서 열매 맺는 삶을 실천하며 살아가야 함을 알고 실천한다.

KEYWORD **겸손, 본질, 열매**

I. 찬양과 기도

II. 지난주 실천과제 나눔

III. 복습문제 풀이

복습

1 예수님이 부자 청년에게 제시한 제자도는 무엇이며, 이 도전을 들은 청년의 반응은 어떠했는가?(19:21-22)

a) 제자도(21절): 소유를 팔아 가난한 자들에게 주고 예수님을 따르는 것

b) 청년의 반응(22절): 근심하며 돌아감

Ⅳ. 말씀 마태복음 21:1-22을 다 함께 읽는다

21:1 그들이 예루살렘에 가까이 가서 감람 산 벳바게에 이르렀을 때에 예수께서 두 제
자를 보내시며 2 이르시되 너희는 맞은편 마을로 가라 그리하면 곧 매인 나귀와 나귀
새끼가 함께 있는 것을 보리니 풀어 내게로 끌고 오라 3 만일 누가 무슨 말을 하거든
주가 쓰시겠다 하라 그리하면 즉시 보내리라 하시니 4 이는 선지자를 통하여 하신 말
씀을 이루려 하심이라 일렀으되

5 시온 딸에게 이르기를 네 왕이 네게 임하나니
그는 겸손하여 나귀, 곧 멍에 메는 짐승의 새끼를 탔도다

하라 하였느니라 6 제자들이 가서 예수께서 명하신 대로 하여 7 나귀와 나귀 새끼를
끌고 와서 자기들의 겉옷을 그 위에 얹으매 예수께서 그 위에 타시니 8 무리의 대다
수는 그들의 겉옷을 길에 펴고 다른 이들은 나뭇가지를 베어 길에 펴고 9 앞에서 가고
뒤에서 따르는 무리가 소리 높여 이르되

호산나 다윗의 자손이여 찬송하리로다 주의 이름으로 오시는 이여
가장 높은 곳에서 호산나

하더라 10 예수께서 예루살렘에 들어가시니 온 성이 소동하여 이르되 이는 누구냐 하
거늘 11 무리가 이르되 갈릴리 나사렛에서 나온 선지자 예수라 하니라 12 예수께서 성
전에 들어가사 성전 안에서 매매하는 모든 사람들을 내쫓으시며 돈 바꾸는 사람들의
상과 비둘기 파는 사람들의 의자를 둘러 엎으시고 13 그들에게 이르시되 기록된 바

내 집은 기도하는 집이라 일컬음을 받으리라 하였거늘
너희는 강도의 소굴을 만드는도다

하시니라 14 맹인과 저는 자들이 성전에서 예수께 나아오매 고쳐주시니 15 대제사장들
과 서기관들이 예수께서 하시는 이상한 일과 또 성전에서 소리 질러 호산나 다윗의 자
손이여 하는 어린이들을 보고 노하여 16 예수께 말하되 그들이 하는 말을 듣느냐 예수
께서 이르시되 그렇다

어린 아기와 젖먹이들의 입에서 나오는 찬미를 온전하게 하셨나이다

함을 너희가 읽어 본 일이 없느냐 하시고 17 그들을 떠나 성 밖으로 베다니에 가서 거
기서 유하시니라 18 이른 아침에 성으로 들어오실 때에 시장하신지라 19 길 가에서 한
무화과나무를 보시고 그리로 가사 잎사귀 밖에 아무 것도 찾지 못하시고 나무에게
이르시되 이제부터 영원토록 네가 열매를 맺지 못하리라 하시니 무화과나무가 곧 마

른지라 [20] 제자들이 보고 이상히 여겨 이르되 무화과나무가 어찌하여 곧 말랐나이까
[21] 예수께서 대답하여 이르시되 내가 진실로 너희에게 이르노니 만일 너희가 믿음이
있고 의심하지 아니하면 이 무화과나무에게 된 이런 일만 할 뿐 아니라 이 산더러 들
려 바다에 던져지라 하여도 될 것이요 [22] 너희가 기도할 때에 무엇이든지 믿고 구하는
것은 다 받으리라 하시니라

건너뛴 장 내용 요약

20장 관대한 주인 비유(1–16절), 수난에 대한 네 번째 말씀(17–19절), 고난과 섬김(20–28절), 눈먼 두 사람을 고치심(29–34절)

V. 관찰문제의 바른 답

말씀 돋보기(관찰)

1 예수님이 두 제자에게 가져오라고 하신 것은 무엇이며, 누가 묻거든 어떻게 대답하라고 하셨는가? 예수님이 나귀를 타신 이유는 무엇인가?(21:2–4)

a) 두 제자에게 가져오라고 하신 것(2절): 나귀와 나귀 새끼

b) 물음에 대한 대답(3절): '주가 쓰시겠다'

c) 나귀를 타신 이유(5절): 겸손하시기 때문에

Tip 예수님은 두 제자를 맞은편 마을로 보내시며 매여 있는 나귀와 나귀 새끼가 있는 것을 보게 될 것이니 풀어서 가져오라고 하셨다. 만일 누가 묻거든 '주가 쓰시겠다'라고 대답하면 즉시 보낼 것이라고 하셨다. 오늘날로 말하면 일종의 '비밀번호'라 할 수 있다. 하나님이 이미 모든 것을 준비해 두셨기 때문에 이 비밀번호만 말하면 누구라도 흔쾌히 내줄 것이라는 뜻이다. 예수님이 자신을 가리켜 '주'라고 칭하시는 것은 이 본문이 처음이다. 이는 드디어 그분이 하나님의 아들이심을 온 세상에 알릴 때가 되었음을 의미한다.

마태는 예수님이 나귀를 끌어오라고 하신 것이 '선지자를 통하여 하신 말씀을 이루려 하심'이라고 한다. 예수님이 이루고자 하시는 예언은 스가랴 9장 9절에 기록된 말씀으로, 스가랴는 메시아가 나귀를 타는 이유가 겸손하시기 때문이라고 한다. 고대 근동에서 말은 전쟁에서 무기로 사용되어 위협감을 주었지만, 나귀는 평범한 사람들이 흔히 접할 수 있는 친근한 짐승이었다. 예수님은 당시 유대인들이 기대하던 정복자 메시아가 아니라, 고난받는 종으로 오신 겸손한 메시아로 예루살렘에 입성하기 위해 나귀를 취하셨다.

2 사람들이 예루살렘에 입성하시는 예수님을 맞이하며 취한 행동과 외침은 무엇인가? 그들은 예수님을 어떻게 소개했는가?(21:8–11)

a) 행동(8절): 겉옷을 길에 펴고 나뭇가지를 베어 길에 폄

b) 외침(9절): "호산나 다윗의 자손이여 찬송하리로다 주의 이름으로 오시는 이여 가장 높은 곳에서 호산나"

c) 소개(11절): 갈릴리 나사렛에서 나온 선지자 예수

Tip

예수님이 나귀를 타고 예루살렘에 입성하신 날은 일요일이다. 무리는 겉옷을 길에 펴고 나뭇가지를 베어 길에 폈다. 이는 왕에 대한 예우이며, 그에게 복종하겠다는 뜻이다. 요한은 예수님을 둘러싼 수많은 사람 중 일부가 예루살렘에서부터 종려나무 가지를 꺾어 들고 맞으러 나왔다고 한다(요 12:12–13).

그들은 메시아에 대한 소망을 담아 "호산나 다윗의 자손이여 찬송하리로다 주의 이름으로 오시는 이여 가장 높은 곳에서 호산나!"라고 크게 외쳤다. '호산나'는 지금 당장 구원해 달라는 염원을 담은 호소였지만, 세월이 지나면서 환호와 갈채로 사용되었다.

예수님이 드디어 예루살렘에 들어가시니 온 성이 소동했다. 성안에 있는 사람들이 "이는 누구냐?"라고 묻자, 무리는 "갈릴리 나사렛에서 나온 선지자 예수라"라고 대답했다. 무리가 '호산나, 다윗의 자손이여!'라고 외친 것을 보면 예수님을 모세에 버금가는 특별한 선지자(메시아)로 생각하고 있는 것이 확실하다. 그러나 같은 무리가 나중에는 '십자가에 못 박으라'

라고 외치는 것을 보면(27:22) 예수님을 평범한 선지자로 여기는 것으로 보인다. 어떤 사람들은 예수님을 메시아로 고백하지만, 어떤 사람들에게는 그저 평범한 선지자에 지나지 않는 것이다. 중요한 것은 우리 각자에게는 예수님이 어떤 분이신가 하는 질문과 대답이다.

3 예수님이 성전에서 매매하는 자들을 내쫓으신 이유는 무엇인가?(21:12–13)

성전은 기도하는 집인데 강도의 소굴로 만들었기 때문에

Tip

예수님은 성전 뜰로 들어가 그곳에서 장사하는 모든 사람을 내쫓으셨다. 돈 바꾸는 사람들의 상과 비둘기 파는 사람들의 의자를 엎으셨다. 당시 성전을 찾는 순례자들은 먼 곳에 사는 사람들과 세계 곳곳에 흩어져 사는 디아스포라 유대인들로 그들은 돈을 가져와 성전 뜰에서 제물로 드릴 짐승을 샀다. 또한 그들은 대부분 로마 제국이 화폐로 사용하는 동전을 가져왔는데, 이 동전에는 유대인들이 우상으로 간주하는 황제의 모습이 새겨져 있었기 때문에 성전 뜰에서 아무 이미지도 새기지 않은 성전용 동전으로 바꿔야 했다. 이 과정에서 제사장들은 제물로 드리는 짐승들의 정결함을 인증해 주고 뒷돈을 챙겼다. 예수님이 장사꾼들을 내쫓으신 것은 성전 운영 이권에 개입한 종교 지도자들에 주는 경고였다.

예수님은 이사야 56장 7절을 인용해 성전은 '기도하는 집'이라 일컬음을 받은 곳인데 그들이 '강도의 소굴'로 만들었다고 질타하신다. '소굴'은 강도들이 강탈하고 착취한 돈을 쌓아 놓고 다음 프로젝트를 꾸미는 곳이다. 성전이 어느덧 개혁하거나 깨끗하게 할 수 없는 인간의 가장 타락한 모습을 보여 주는 곳이 되었다.

4 예수님은 성전에서 어떻게 행하셨는가? 대제사장들과 서기관들이 화를 낸 이유는 무엇인가?(21:14–15)

a) 예수님이 행하신 일(14절): 맹인과 저는 자들을 고치심

b) 대제사장들과 서기관들이 화를 낸 이유(15절): 예수님이 이상한 일을 행하시고, 아이들이 성전에서 '호산나 다윗의 자손이여'라고 외쳤기 때문에

Tip 예수님이 성전 뜰에서 소문을 듣고 찾아온 맹인들과 저는 자들을 고쳐 주셨다. 율법에 따르면 장애가 있는 사람들은 제사장이 될 수 없으며 성전에 들어가는 데도 제약이 있었기 때문에 이들은 이방인의 뜰에나 겨우 올 수 있었다. 예수님은 이들을 성전 뜰에서 치료하심으로써 성전은 하나님께 기도하는 곳이며, 병자들을 치료하는 등 이웃에게 선을 베푸는 곳이라는 사실을 강조하신다. 또한 예수님이 성전과 성전에서 일하는 제사장들보다 더 위대한 하나님이심을 보여 주신다.

예수님으로 인해 성전이 발칵 뒤집혔고, 성전에서 일하던 대제사장들과 서기관들이 매우 화를 냈다. 예수님이 행하신 '이상한 일'과 아이들이 성전에서 '호산나 다윗의 자손이여!'라고 외친 것 때문이다. '이상한 일'이라는 개역개정의 번역은 적절하지 않다. 이 단어는 '놀라운', '감탄할 만한 일들'이라는 뜻으로, 예수님이 맹인들과 저는 자들을 고쳐 주신 기적을 의미한다. 대제사장들과 서기관들이 아이들의 외침에 노하는 것은 예수님이 메시아라는 사실을 부인하는 것이다. 아이들의 순수함과 지도자들의 불손함이 큰 대조를 이룬다. 그들의 마음이 얼마나 강퍅한지 성전보다 더 위대하신 분이 성전 뜰에서 병자들을 치료하시는 것을 보면서도 전혀 흔들림이 없다. 이권이 개입되어 타산에 젖은 신앙생활을 하면 이렇게 된다. 교회 지도자들은 이렇게 되지 않도록 항상 자신을 성찰해야 한다.

5 예수님이 무화과나무를 저주하신 이유는 무엇인가? 무화과나무는 무엇을 상징하는가?(21:18-19, Tip 참조)

a) 이유(19절): **잎사귀만 무성하고 열매가 없었기 때문에**

b) 상징(Tip 참조): **하나님의 저주를 받을 나라의 죄와 부패**

Tip 예수님은 제자들과 이른 아침에 베다니를 출발해 예루살렘으로 가시느라 아침을 제대로 챙겨 드시지 못해 배가 고프셨다. 길가에 잎사귀가 무성한 무화과나무를 보고 시장기를 달랠 만한 과일을 기대하셨지만, 나무에는 아무 열매도 없었다. 그러자 예수님은 무화과나무를 향해 이제부터 영원히 열매를 맺지 못하리라고 하셨고, 나무가 곧 말랐다. 무화과나무 열매는 잎사귀가 나기 조금 전이나 혹은 잎사귀와 함께 열리기 시작한다. 만일 잎이 날 때까지 열매가 생기지 않으면 열매를 맺지 못한다. 사람이 먹을 만한 열매를 맺지 못하는 무화과나무는 하나님의 저주를 받은 나라의 죄와 부패를 상징한다. 예수님이 저주하신 무화과나무는 잎사귀가 무성해 열매가 있을 것 같은데 전혀 없는, 곧 사람의 눈을 속이는 나무다. 말을 그럴싸하게 해서 삶이 신앙의 열매로 가득할 것 같은데 정작 열매가 없는 사람을 상징한다. 예수님은 이 나무를 마르게 하심으로써 경고하신다. 그러므로 이 무화과나무는 죽어서 제 역할을 한다. 나무가 '곧' 말랐다는 것은 열매 맺지 않는 삶을 사는 사람들에게 하나님의 심판이 임박해 있음을 암시한다.

VI. 적용과 나눔

삶의 내비게이션(적용)

1 예수님은 성전에서 장사하는 자들을 모두 내쫓으시고, 맹인과 저는 자들을 고쳐 주심으로써 성전의 기능을 회복시키셨다. 당신이 생각하는 교회는 어떤 곳인지 다음 문장의 빈칸을 채워 보자.
"내가 생각하는 교회는 ( )이다."
관찰문제 3, 4번 참고. 교회는 어떤 곳인가? 교회는 하나님께 기도하는 곳이며, 병자들을 치료하고 이웃을 돕는 곳이 되어야 한다. 성도들이 자화자찬하고 자신을 위한 잔치만 하는 곳으로 전락해서는 안 된다. 또한 각자 잇속을 챙기는 사업적 터전이 되어서도 안 된다. 그러기 위해서는 교회 지도자들이 대제사장들과 서기관들의 의보다 더 나은 의를 가져야 한다(cf. 마 5:20). 여기서 '의'는 하나님의 뜻에 순종하고 주님의 말씀에 따라 사는 것을 뜻한다. 서기관은 율법을 가르치는 선생이고, 바리새인은 율법을 문자적으로 지키는 평신도 지도자였다. 그들 나름대로 율법을 실천하며 살고자 노력했지만, 율법의 취지와 의도를 망각한 채 외형적인 행동 지침에만 신경을 썼을 뿐 마음은 하나님으로부터 멀어져 있었다. 예수님은 제자들에게 종교 지도자들처럼 가식적이고 위선적으로 살아서는 안 되며, 삶에서 좋은 열매를 맺으며 살아갈 것을 당부하셨다. 그리스도 안에서 성장하는 교회는 의와 선한 열매를 맺는다.

교회는 예수님의 가르침에 귀를 기울여야 한다. 권력, 명예, 부, 외형적인 확장 등에만 관심을 쏟을 것이 아니라 교회의 본질적인 기능을 회복해야 한다. 교회는 복음을 전하고, 말씀을 가르치고, 가난한 자와 소외된 자를 돕고, 병든 자를 치료하며, 죽어 가는 영혼을 구원하는 곳이 되어야 한다. 그리고 이 모든 일을 이루실 하나님께 힘써 기도함으로써 우리보다 앞서 일하시는 하나님이 드러나고 높아지는 교회의 참된 모습을 회복해야 한다. 교회 생활을 통해 각자가 경험한 교회는 어떤 곳인지 생각해 보고, 한 문장으로 정의한 후 그 이유를 설명해 본다. (예: "내가 생각하는 교회는 가족이다." 병이 들어 아파할 때 어떤 권사님은 맛있는 음식을 만들어 와 먹여 주시고, 어떤 장로님은 병원비를 마련해 주시고, 어떤 집사님은 병간호를 해 주시고, 어떤 청년은 아이들 공부를 가르쳐 주고, 어떤 목사님은 마음이 약해질 때마다 말씀과 기도로 위로해 주셨다. 병으로 몸과 마음이 힘들 때 교회를 통해 가족의 사랑을 경험했다. 그때 교회가 진정한 가족이라고 생각했고, 가족의 일원이 되어서 정말 행복했다.)

2 무리 중 어떤 사람들은 예수님을 메시아로 고백했지만, 어떤 사람들은 예수님을 그저 평범한 선지자로 여겼다. 당신이 만난 예수님은 어떤 분이신가?

관찰문제 2번 참고. 본문은 우리에게 예수님은 어떤 분이신지 질문한다. 우리는 평생 예수님을 구세주로 고백하며 여기까지 왔다. 심지어 하나님 나라를 위해 사역자로 헌신하기까지 했다. 그러나 한 번 더 충분한 시간을 두고 스스로 질문해 보아야 한다. 이 질문에 어떻게 답하는가가 장차 우리의 삶과 사역에 더 큰 영향력을 행사할 것이며, 더 큰 변화를 가져올 것이기 때문이다.

우리는 예수님을 인격적으로 만날 때 그리스도 안에서 '나는 누구인지' 새로운 정체성과 삶의 이유를 찾게 된다. 또한 주변에서 예수님과의 만남을 통해 뜻하지 않게 찾아온 고난과 환란을 이해하고, 고난을 극복했다는 간증을 많이 듣는다. 질병이나 가난 혹은 실직과 같은 삶의 고난 가운데서 예수님을 만난 이야기, 신앙생활을 시작하면서 경험한 예수님과의 첫사랑 이야기, 취업이나 개업 등과 같은 새로운 일을 시작하면서 예수님을 만난 이야기 등이 있다. 예수님은 우리 삶에 찾아오셔서 도우시고, 위로하시고, 치료하시고, 소망을 주시고, 사랑해 주시고, 선한 길로 인도하시는 전능하시고 신실하신 하나님이시다. 각자 만난 예수님의 이야기를 나누면서 "예수님은 제게 이러한 분입니다"라고 믿음을 고백하는 시간을 가진다.

3 예수님은 잎사귀는 무성하지만 열매가 없어서 저주를 받아 죽은 무화과나무를 통해 삶에 열매가 없는 신앙인들을 경고하신다. 당신이 무성한 잎사귀 대신 풍성한 열매를 맺기 위해 내려놓아야 할 신앙의 기득권이나 그릇된 태도는 무엇인가?

관찰문제 5번 참고. 예수님은 잎사귀가 무성하지만 열매가 없어서 저주를 받아 죽은 무화과나무를 통해 우리에게 경고하신다. 입으로는 마치 세상에서 가장 큰 믿음을 소유한 사람처럼 말하지만, 정작 삶에서 믿음의 열매를 맺지 못한다면 예수님의 비난과 심판을 피할 수 없다. 신앙생활에서 삶의 열매는 필수다. 하지만 신앙의 열매는 발전해 가는 단계가 있다. 그러므로 평범한 일상에서 현재 주어진 상황에 맞게 실천할 수 있는 일을 찾아 한 단계 한 단계 발전해 가야 한다.

성도가 삶에서 맺어야 할 풍성한 열매로는 '사랑, 희락, 화평, 오래 참음, 자비, 양선, 충성, 온유, 절제'(갈 5:22-23)가 있다. 특별히 교회 안에서 리더나 신앙생활을 오래 한 자들은 잘못된 기득권이나 특권의식을 가지지 않도록 주의해야 한다. 높은 자리나 섬김을 받는 자리에 앉아서 말만 하고 행동하지 않는 자세, "예전에 다 해 봤는데 그렇게 하면 안 돼"라며 대안 없이 비판만 하는 부정적인 자세, 익숙한 사람이나 맘에 맞는 사람과 끼리끼리 어울리며 새로운 신자들에게 담을 쌓는 태도, 가난하거나 정신적으로 아픈 자들을 꺼리며 무관심하게 대하는 태도, 하나님이 다 해 주신다며 노력하지 않는 게으른 태도, 교회 안과 밖에서의 말과 행동이 너무 다른 이중적인 태도 등을 주의 깊게 살피지 않는다면 우리 삶 또한 잎(입)만 무성한 삶으로 전락하고 말 것이다. 각자 내려놓아야 할 신앙의 기득권이나 그릇된 삶의 태도는 무엇이 있는지 나누고 도전하는 시간을 갖는다.

Ⅶ. 마무리

기도로 마무리한다.
제8주 관찰문제를 예습해 오게 한다.
실천과제를 제시한다.

생활의 아로마(실천)

예 1) 높은 자리나 섬김받는 자리를 선호하는 것은 아닌지 점검하고, 다른 사람의 유익을 위해 자신이 누리려고 하는 한 가지를 포기한다.

제7주 성경공부 NOTE

제7주 성경공부 NOTE

제8주 사랑=계명의 완성

마태복음 22:23-46

학습목표

1. 그리스도인은 죽은 후에 부활이 있음을 알고, 부활에 참여할 자로서 이 땅에서 신실하고 성실한 삶을 실천한다.
2. 예수님만이 구원자이심을 고백하고, 매일의 삶에서 예수님을 선택하는 신앙을 지키며 살아간다.

KEYWORD **하나님 사랑, 이웃 사랑, 부활**

I. 찬양과 기도

II. 지난주 실천과제 나눔

III. 복습문제 풀이

복습

1 예수님이 성전에서 매매하는 자들을 내쫓으신 이유는 무엇인가? (21:12-13)

성전은 기도하는 집인데 강도의 소굴로 만들었기 때문에

Ⅳ. 말씀 마태복음 22:23-46을 다 함께 읽는다

22:23 부활이 없다 하는 사두개인들이 그 날 예수께 와서 물어 이르되 24 선생님이여
모세가 일렀으되

사람이 만일 자식이 없이 죽으면 그 동생이 그 아내에게 장가 들어
형을 위하여 상속자를 세울지니라

하였나이다 25 우리 중에 칠 형제가 있었는데 맏이가 장가 들었다가 죽어 상속자가 없
으므로 그 아내를 그 동생에게 물려 주고 26 그 둘째와 셋째로 일곱째까지 그렇게 하
다가 27 최후에 그 여자도 죽었나이다 28 그런즉 그들이 다 그를 취하였으니 부활 때에
일곱 중의 누구의 아내가 되리이까 29 예수께서 대답하여 이르시되 너희가 성경도, 하
나님의 능력도 알지 못하는 고로 오해하였도다 30 부활 때에는 장가도 아니 가고 시집
도 아니 가고 하늘에 있는 천사들과 같으니라 31 죽은 자의 부활을 논할진대 하나님이
너희에게 말씀하신 바

32 나는 아브라함의 하나님이요 이삭의 하나님이요 야곱의 하나님이로라

하신 것을 읽어 보지 못하였느냐 하나님은 죽은 자의 하나님이 아니요 살아 있는 자의
하나님이시니라 하시니 33 무리가 듣고 그의 가르치심에 놀라더라 34 예수께서 사두개
인들로 대답할 수 없게 하셨다 함을 바리새인들이 듣고 모였는데 35 그 중의 한 율법
사가 예수를 시험하여 묻되 36 선생님 율법 중에서 어느 계명이 크니이까 37 예수께서
이르시되

네 마음을 다하고 목숨을 다하고 뜻을 다하여 주 너의 하나님을 사랑하라

하셨으니 38 이것이 크고 첫째 되는 계명이요 39 둘째도 그와 같으니

네 이웃을 네 자신 같이 사랑하라

하셨으니 40 이 두 계명이 온 율법과 선지자의 강령이니라 41 바리새인들이 모였을 때
에 예수께서 그들에게 물으시되 42 너희는 그리스도에 대하여 어떻게 생각하느냐 누
구의 자손이냐 대답하되 다윗의 자손이니이다 43 이르시되 그러면 다윗이 성령에 감
동되어 어찌 그리스도를 주라 칭하여 말하되

44 주께서 내 주께 이르시되 내가 네 원수를 네 발 아래에 둘 때까지
내 우편에 앉아 있으라 하셨도다

하였느냐 45 다윗이 그리스도를 주라 칭하였은즉 어찌 그의 자손이 되겠느냐 하시니
46 한 마디도 능히 대답하는 자가 없고 그 날부터 감히 그에게 묻는 자도 없더라

V. 관찰문제의 바른 답

말씀 돋보기(관찰)

1 사두개인들은 부활에 대해 어떻게 생각했으며, 그 이유는 무엇인가?(22:23, Tip 참조)

a) 사두개인들의 부활관(23절): 부활이 없다고 주장함

b) 이유(Tip 참조): 사두개인들은 모세 오경만을 정경으로 인정했는데, 오경이 부활에 대해 가르치지 않기 때문에 부활이 없다고 주장함

Tip 이 논쟁은 부활이 있다고 주장하는 바리새인들과 부활이 없다고 주장하는 사두개인들의 유대교 내부 갈등을 배경으로 한다. 사두개인들은 이 논쟁을 통해 자신을 따르는 무리와 바리새인을 따르는 무리 중 한 그룹이 예수님에게서 등을 돌리기를 기대한다. 이때까지 대제사장들과 장로들과 바리새인들이 논쟁에 참여했는데, 여기에 사두개인들이 가세했다는 것은 유대교 최고 권위 기관인 산헤드린이 예수님에게 태클을 걸려고 혈안이 되었다는 뜻이다.

사두개인들은 오직 모세 오경만이 정경이라고 믿었고, 오경이 부활이나 내세에 대해 가르치지 않기 때문에 내세나 부활이 없다고 주장했다(행 23:6-9). 그러나 그들의 주장과 달리 선지서와 지혜 문헌 등은 곳곳에서 부활과 내세를 가르친다(욥 19:25-27; 시 25:8; 26:19; 겔 37:1-14; 단 12:1-3, 13; 호 6:1-3; 13:14). 만약 그들이 오경 외 다른 책들도 정경으로 인정했더라면 이러한 오류는 없었을 것이다.

2 예수님은 부활의 때에 사람들이 어떻게 될 것이라고 가르치셨는가? 그 근거는 무엇인가?(22:30-32)

a) 부활의 때에 사람들(30절): 장가도 안 가고 시집도 안 가고 하늘에 있는 천사들과 같이 됨

b) 부활의 근거(32절): 하나님은 죽은 자의 하나님이 아니요 살아 있는 자의 하나님이심

Tip

모세 율법이 가르치는 계대 결혼은 남편이 자식을 남기지 않고 죽었을 때 홀로된 아내를 시동생과 결혼시켜 대를 잇게 하는 제도다. 율법이 계대 결혼을 도입한 데에는 세 가지 목적이 있다. 첫째, 자식 없이 과부가 된 여자의 수치(불임)와 사회적 편견을 완화시키기 위해서다. 둘째, 죽은 남편의 재산이 다른 가족이나 친족에게 넘어가는 것을 막기 위해서다. 셋째, 죽은 사람의 이름과 명예를 보존하기 위해서다. 오늘날 정서에서 죽은 남편의 동생과 결혼하는 것은 상상하기 어렵지만, 계대 결혼의 목적과 취지를 염두에 두고 볼 필요가 있다.

사두개인들은 예수님을 함정에 빠뜨리기 위해 일곱 형제가 모두 같은 여자와 결혼했으니, 그 여자는 부활할 때 일곱 중 누구의 아내가 되느냐고 질문했다. 예수님은 사두개인들이 성경도 하나님의 능력도 알지 못하기 때문에 부활에 대해 오해하고 있다고 하신다. 그리고 부활의 때에는 사람이 결혼하지 않으며, 천사들같이 된다고 대답하신다. 하나님의 능력이 얼마나 큰지 부활의 때에 인류의 삶을 재창조하셔서 부활한 사람들이 우리가 아는 이 삶에서의 결혼을 경험하지 않게 하신다는 뜻이다. 결혼은 사람이 이 땅에서 누릴 수 있는 가장 큰 친밀함을 제공하는 것으로, 부활 공동체에 속한 사람들의 관계가 참으로 좋고 친밀해 결혼할 필요가 없다는 논리다.

예수님은 사두개인들이 정경으로 인정하는 모세 율법 중 출애굽기 3장 6절을 인용해 그들의 논리를 반박하신다. 죽은 자들의 부활의 근거는 하나님이 죽은 자의 하나님이 아니요 살아 있는 자의 하나님이시기 때문이다. 하나님이 이스라엘 선조들과 영원한 언약을 맺으셨는데, 이 언약이 영원하려면 언약의 축복을 받은 자들이 영원히 살아 있어야 한다. 만일 선조들이 살아 있다면, 아브라함과 이삭과 야곱의 하나님은 당연히 살아 있는 자들의 하나님이시다. 이는 그들의 선조들이 이 땅에서는 죽었지만 천국에 살아 있다는 주장을 뒷받침하는 근거가 된다.

3 예수님이 말씀하신 첫째 되는 계명과 둘째 계명은 무엇인가? (22:37-39)

a) 첫째 되는 계명(37-38절): 마음을 다하고 목숨을 다하고 뜻을 다하여 하나

님을 사랑하는 것

b) 둘째 계명(39절): 이웃을 자신과 같이 사랑하는 것

Tip 바리새인 중 한 율법사가 예수님을 시험하기 위해 율법 중에서 어느 계명이 크냐고 물었다. 예수님은 "네 마음을 다하고 목숨을 다하고 뜻을 다하여 주 너의 하나님을 사랑하라"라는 신명기 6장 5절 말씀이 첫째 되는 계명이라고 하신다. 일명 '셰마'('말씀'이라는 의미)로 알려진 신명기 6장 4-9절의 일부다. 셰마는 이스라엘 종교의 가장 밑바탕이 되는 하나님에 대한 진리 선언(여호와는 한 분이라는 사실, 4절)과 하나님 백성의 가장 기본적인 의무(모든 것을 다 바쳐 하나님을 사랑하는 것)를 정의하는 것으로, 일종의 고백이다. 이 계명이 크고 첫째라는 것은 가장 큰 계명일 뿐 아니라 가장 중요하기 때문에 이 계명에 따라 사는 것을 최우선으로 삼아야 한다는 뜻이다.

예수님은 두 번째로 큰 계명은 이웃을 자신과 같이 사랑하는 것이라고 하신다. 레위기 19장 18절을 인용한 말씀이며, 이웃을 자신과 같이 사랑하는 것은 남을 자기 자신처럼 귀하게 생각하는 것이다. 그러므로 자신을 귀하게 여기며 사랑하지 않는 사람은 이웃도 사랑할 수 없다. 두 번째 계명은 첫 번째 계명에서 자연스럽게 흘러나온 것이며, 이 두 계명은 구약의 윤리와 신약의 윤리를 연결하는 지렛대의 받침점이다.

4 바리새인들은 그리스도를 누구의 자손이라고 대답했는가? 그 대답이 안고 있는 모순은 무엇인가?(22:42-45)

a) 그리스도에 대한 바리새인들의 대답(42절): 다윗의 자손

b) 대답의 모순(45절): 그리스도(메시아)가 다윗의 후손인 동시에 다윗의 '주'가 되는 점

Tip 예수님이 바리새인들에게 그리스도에 대해 어떻게 생각하는지, 그리고 그가 누구의 자손이라고 생각하는지 질문하시자 바리새인들은 "다윗의 자손이니이다"라고 대답했다. 그들의 대답은 그리스도(메시아)가 다윗의 후손인 동시에 다윗의 '주'가 되는 모순을 안고 있다. 일반적으로 자식과

후손이 부모와 조상을 ‘주’라고 할 수는 있어도, 부모와 조상이 자식과 자손에게 ‘주’라고 하지는 않기 때문이다. 그러나 이 대답은 모순이 아니라 사실이다. 다윗이 장차 자기 후손으로 오실 그리스도를 ‘주’라고 고백한 것은 그분이 자기보다 훨씬 더 위대한 분임을 인정한 것이다. 그는 성령에 감동되어 장차 오실 ‘다윗의 후손 메시아’에게 경의를 표했다. 예수님 또한 메시아가 다윗의 후손이라는 사실을 부인하기 위해 질문하신 것이 아니라, 이를 통해 메시아가 다윗의 후손이며 동시에 다윗보다 훨씬 위대한 이라는 사실을 드러내고자 하신 것이다.

5 다윗이 말한 ‘내 주’는 누구인가? 예수님은 바리새인들에게 자신이 누구라고 선언하시는가?(Tip 참조)

a) 다윗이 말한 ‘내 주’: 그리스도 예수님

b) 예수님의 선언: 예수님 자신이 하나님임을 선언하심

Tip

다윗은 시편 110편 1절에서 주 여호와께서 내 주께 그분이 직접 내 주의 원수들을 정복해 복종시킬 때까지 주님의 오른쪽에 앉아 있으라는 말씀을 하셨다고 기록한다. 이 말씀의 가장 중요한 해석적인 이슈는 ‘내 주’가 누구냐 하는 것과 이렇게 노래한 시편 기자가 누구냐 하는 것이다. 예수님은 이 시가 다윗이 성령에 감동되어 부른 노래라며 다윗의 저작권을 확인해 주신다. 그렇다면 다윗은 누구를 ‘내 주’라고 부른 것일까? 다윗은 장차 오실 ‘다윗의 후손 그리스도’를 ‘내 주’라 부르고 있고, 예수님은 다윗이 시편에 고백한 ‘내 주’가 바로 자신임을 밝히신다. 또한 다윗이 부르고 있는 ‘내 주’는 44절에 사용된 여호와의 호칭과 같다. 이를 통해 예수님은 자신이 하나님임을 선언하신다. 제자들도 조금씩 이 사실을 알아 가고 있다. 예수님에 대한 그들의 지식은 “너희는 나를 누구라 하느냐”라고 물으시는 예수님의 질문에 “주는 그리스도시요 살아계신 하나님의 아들이십니다”(16:16)라고 대답하는 베드로의 고백에서 절정에 이른다.

삶의 내비게이션(적용)

1 예수님은 하나님을 사랑하는 것이 첫째 되는 계명이고, 이웃을 사랑하는 것이 둘째 계명이라고 말씀하신다. 당신은 하나님 사랑과 이웃 사랑을 어떻게 실천하고 있는가?

관찰문제 3번 참고. 하나님을 사랑하는 것과 이웃을 사랑하는 것을 예수님이 지신 십자가 이미지와 연결해 생각하면 더 은혜가 된다. 십자가 수직 기둥은 하나님을 사랑하는 것으로, 그리고 수평 기둥은 이웃을 사랑하는 것으로 상상해 보라. 예수님은 죽음을 통해 이 두 기둥을 연결하셨고, 하나님에 대한 사랑과 우리에 대한 사랑을 확증하셨다. 주님을 따라 십자가를 진다는 것은 하나님을 사랑하고 이웃을 사랑하는 것을 의미한다. 하나님을 사랑하는 것과 이웃을 사랑하는 것은 항상 짝을 이룬다. 하나님 사랑과 이웃 사랑을 몸소 실천하신 예수님은 "내 형제 중에 지극히 작은 자 하나에게 한 것이 곧 내게 한 것이니라"(25:40)라고 말씀하셨다. 이웃을 사랑하는 것이 곧 하나님을 사랑하는 길이다. 여기서 이웃을 사랑하는 일은 감정적인 것이 아니라 의지적인 것으로, 이웃에게 유익하고 도움이 되는 일을 하는 것을 뜻한다(cf. 레 19:34). 이웃 사랑은 자신이 종사하는 직업이나 봉사의 자리에서 구체적으로 실천할 수 있다. 교사는 불우한 환경에 있는 아이들이 교육 기회를 놓치지 않도록 교육 서비스를 구체적으로 제공하고, 직장인은 업무에 지친 동료를 위해 일을 분담하거나 함께 사용하는 공간을 쾌적하게 만들기 위해 먼저 정리 정돈에 힘쓰고, 이웃 중에 홀로 된 노인에게 한 끼 식사를 대접하거나 반찬을 나누고, 편부모 가정이나 보호자의 돌봄이 필요한 아이들의 방과 후 과제를 돌봐 주거나 생활지도를 맡아 주는 등 일상에서 이웃 사랑을 구체적으로 실천하려는 의지와 노력이 필요하다.

2 예수님이 드디어 자신이 하나님의 아들이심을 선언하시며, 주저하는 사람들에게 입장을 정할 것을 요구하신다. 당신이 주님을 온전히 따르는 데 방해가 되는 것은 무엇인가?

관찰문제 5번 참고. 예수님은 자신이 하나님의 아들이라는 사실을 더는 숨기려

하지 않으신다. 바리새인들과 무리를 향해 다윗이 성령에 감동되어 보았던 하나님 오른편에 앉은 '내 주'가 바로 자신을 두고 한 말이라고 하신다. 이렇게 선언하심으로써 주저하는 사람들에게 입장을 정리하고 결단할 것을 요구하신다. 유대교 지도자들은 말씀과 논리로는 예수님을 이길 수 없다는 사실을 깨닫고 비상식적이고 폭력적인 음모를 꾸며 죽이고자 계획한다.

예수님은 우리에게도 예수님을 구세주로 영접하든지, 바리새인들처럼 예수님이 메시아이심을 알고도 대적하든지 둘 중 하나를 선택하라고 하신다. 천국과 지옥이 있을 뿐 그 사이에 중간은 없는 것처럼 예수님에 대한 사람들의 입장 표명에도 중간은 없다. 그리스도인은 이 땅에 살고 있지만 동시에 천국 시민으로서 삶을 추구해야 한다. 예수님 당시 바리새인들이 그들을 로마의 권세로부터 해방시켜 줄 메시아를 기대하다가 예수님을 메시아로 받아들이지 못했듯이, 오늘날 그리스도인들도 이 땅에서의 성공과 번영을 이루어 줄 메시아를 기대하다가는 예수님을 잃어버리고 말 것이다. 이 세상에서 가치 있게 평가되는 권력이나 명예, 부와 성공 등은 나쁜 것도 아니고 잘못된 것도 아니다. 하지만 이러한 것들을 최고의 가치로 여겨 마치 인생의 전부인 듯 물질만능주의, 성공주의, 권력지향주의에 빠져서는 안 된다. 권력과 명예와 물질과 성공을 얻기 위해 주저함 없이 부패와 비리에 결탁하고, 돈을 벌기 위해 예배를 포기하고, 자녀들의 학업 성취와 취업을 위해 주일에 학원이나 도서관에서 온종일 시간을 보내게 하고, TV나 오락, 스포츠, 캠핑 등을 즐기느라 하나님과 교제하는 시간을 갖지 못하는 등 예수님이 아닌 세상에 속한 삶을 살고 있는 건 아닌지 돌아보아야 한다. 각자 삶에서 주님을 온전히 따르는 데 방해가 되거나 하나님과 세상 사이에서 갈팡질팡하게 하는 것은 무엇인지 나누고, 돌이키는 시간을 갖는다.

---

3 사두개인들은 모세 오경만 하나님의 말씀이라고 믿으면서 내세와 부활을 부인했다. 그들의 이 같은 생각은 영적 편식에서 비롯된 것이다. 당신이 성경을 잘 알지 못했을 때 가졌던 부활에 대한 오해는 무엇이고, 부활에 참여할 자로서 삶에서 결단해야 할 부분은 무엇인가?

관찰문제 1, 2번 참고. 부활은 이 땅에 사는 우리가 상상할 수 없을 만큼 놀랍고 좋은 것이다. 썩어질 육의 몸으로 심어 신령한 몸으로 다시 사는 것이기 때문이다(고전 15:44). 그러므로 우리가 이 땅에서 아무리 부활에 대해 생각해 보려고 해도 그 놀라움은 상상조차 할 수 없다. 부활은 하나님의 능력이 모든 것을 새로 (재)창조하시는 것이기 때문이다. 이러한 부활이 우리의 죽음을 이어갈 것이다. 성경은 부활한 상태에 대해서는 자세히 알려 주지 않지만, 부활이 있다는 사실만큼은 정확하게 말해 준다. 우리는 성경 66권을 모두 하나님의 말씀으로 여기며, 치우침 없이 읽고 배우면서 성경이 말하는 것까지만 진리로 믿어야 한다. 그러므로 부활이 있음을 믿고, 이 땅에서의 삶을 신실하고 성실하게 살아냄으로써 부활에 참여해야 한다. 한때 우리 사회에 'YOLO'(You Only Live Once)라는 말이 회자되면서 한 번뿐인 인생이니 현재를 재미있고 신나게 누리자는 욜로족이 등장했다. 이들은 지금 당장 삶의 질을 높이기 위해 자기 계발이나 취미 활동 등에 돈과 시간을 아낌없이 투자했다. 지금 주어진 즐거움의 기회를 잡으며 오늘을 소중히 여기며 사는 것은 건강한 삶의 자세다. 그러나 지나친 향락주의에 빠질 수 있다는 경계심 또한 필요하다. 한 번밖에 못 사는 인생이기에 죽음 뒤에 있을 부활과 영생을 준비하며 살아야 한다(예: 말씀에 순종하는 삶, 가진 것을 축적하지 않고 흘려 보내는 삶, 천국을 사모하고 천국 복음을 전파하는 삶, 영적인 교만과 게으름을 버리고 겸손하고 성실하게 사는 삶 등).

Ⅶ. 마무리

기도로 마무리한다.
제9주 관찰문제를 예습해 오게 한다.
실천과제를 제시한다.

생활의 아로마(실천)

예 1) 예수님을 믿고 따르기를 주저하게 하는 것은 무엇인지 돌아보고 제자의 삶을 실천한다.

2) 삶에서 하나님 사랑과 이웃 사랑이 분리되어 나타나는 것은 아닌지 점검해 본다(예: 예배 후 주차장에서 다투기, 가난한 자들을 섬기겠다고 기도하고 길에서 구걸하는 사람 외면하기 등).

제8주 성경공부 NOTE

제8주 성경공부 NOTE

제9주 섬기는 리더십

마태복음 23:1-36

학습목표

하나님의 말씀을 자신의 입장이나 정책을 정당화하려는 목적으로 대하지 않고, 조건과 편견 없이 연구하고 묵상해야 함을 알 수 있다.

KEYWORD **지도자, 외식, 섬김**

I. 찬양과 기도

II. 지난주 실천과제 나눔

III. 복습문제 풀이

복습

1 예수님이 말씀하신 첫째 되는 계명과 둘째 계명은 무엇인가? (22:37-39)

a) 첫째 되는 계명(37-38절): 마음을 다하고 목숨을 다하고 뜻을 다하여 하나님을 사랑하는 것

b) 둘째 계명(39절): 이웃을 자신과 같이 사랑하는 것

Ⅳ. 말씀 마태복음 23:1-36을 다 함께 읽는다

23:1 이에 예수께서 무리와 제자들에게 말씀하여 이르시되 2 서기관들과 바리새인들이
모세의 자리에 앉았으니 3 그러므로 무엇이든지 그들이 말하는 바는 행하고 지키되
그들이 하는 행위는 본받지 말라 그들은 말만 하고 행하지 아니하며 4 또 무거운 짐을
묶어 사람의 어깨에 지우되 자기는 이것을 한 손가락으로도 움직이려 하지 아니하며
5 그들의 모든 행위를 사람에게 보이고자 하나니 곧 그 경문 띠를 넓게 하며 옷술을
길게 하고 6 잔치의 윗자리와 회당의 높은 자리와 7 시장에서 문안 받는 것과 사람에
게 랍비라 칭함을 받는 것을 좋아하느니라 8 그러나 너희는 랍비라 칭함을 받지 말라
너희 선생은 하나요 너희는 다 형제니라 9 땅에 있는 자를 아버지라 하지 말라 너희의
아버지는 한 분이시니 곧 하늘에 계신 이시니라 10 또한 지도자라 칭함을 받지 말라
너희의 지도자는 한 분이시니 곧 그리스도시니라 11 너희 중에 큰 자는 너희를 섬기는
자가 되어야 하리라 12 누구든지 자기를 높이는 자는 낮아지고 누구든지 자기를 낮추
는 자는 높아지리라 13 화 있을진저 외식하는 서기관들과 바리새인들이여 너희는 천국
문을 사람들 앞에서 닫고 너희도 들어가지 않고 들어가려 하는 자도 들어가지 못하게
하는도다 14 (없음) 15 화 있을진저 외식하는 서기관들과 바리새인들이여 너희는 교인
한 사람을 얻기 위하여 바다와 육지를 두루 다니다가 생기면 너희보다 배나 더 지옥
자식이 되게 하는도다 16 화 있을진저 눈 먼 인도자여 너희가 말하되 누구든지 성전으
로 맹세하면 아무 일 없거니와 성전의 금으로 맹세하면 지킬지라 하는도다 17 어리석
은 맹인들이여 어느 것이 크냐 그 금이냐 그 금을 거룩하게 하는 성전이냐 18 너희가
또 이르되 누구든지 제단으로 맹세하면 아무 일 없거니와 그 위에 있는 예물로 맹세하
면 지킬지라 하는도다 19 맹인들이여 어느 것이 크냐 그 예물이냐 그 예물을 거룩하게
하는 제단이냐 20 그러므로 제단으로 맹세하는 자는 제단과 그 위에 있는 모든 것으로
맹세함이요 21 또 성전으로 맹세하는 자는 성전과 그 안에 계신 이로 맹세함이요 22 또
하늘로 맹세하는 자는 하나님의 보좌와 그 위에 앉으신 이로 맹세함이니라 23 화 있을
진저 외식하는 서기관들과 바리새인들이여 너희가 박하와 회향과 근채의 십일조는 드
리되 율법의 더 중한 바 정의와 긍휼과 믿음은 버렸도다 그러나 이것도 행하고 저것
도 버리지 말아야 할지니라 24 맹인 된 인도자여 하루살이는 걸러 내고 낙타는 삼키는
도다 25 화 있을진저 외식하는 서기관들과 바리새인들이여 잔과 대접의 겉은 깨끗이
하되 그 안에는 탐욕과 방탕으로 가득하게 하는도다 26 눈 먼 바리새인이여 너는 먼저

안을 깨끗이 하라 그리하면 겉도 깨끗하리라 27 화 있을진저 외식하는 서기관들과 바
리새인들이여 회칠한 무덤 같으니 겉으로는 아름답게 보이나 그 안에는 죽은 사람의
뼈와 모든 더러운 것이 가득하도다 28 이와 같이 너희도 겉으로는 사람에게 옳게 보이
되 안으로는 외식과 불법이 가득하도다 29 화 있을진저 외식하는 서기관들과 바리새
인들이여 너희는 선지자들의 무덤을 만들고 의인들의 비석을 꾸미며 이르되 30 만일
우리가 조상 때에 있었더라면 우리는 그들이 선지자의 피를 흘리는 데 참여하지 아니
하였으리라 하니 31 그러면 너희가 선지자를 죽인 자의 자손임을 스스로 증명함이로다
32 너희가 너희 조상의 분량을 채우라 33 뱀들아 독사의 새끼들아 너희가 어떻게 지옥
의 판결을 피하겠느냐 34 그러므로 내가 너희에게 선지자들과 지혜 있는 자들과 서기
관들을 보내매 너희가 그 중에서 더러는 죽이거나 십자가에 못 박고 그 중에서 더러는
너희 회당에서 채찍질하고 이 동네에서 저 동네로 따라다니며 박해하리라 35 그러므
로 의인 아벨의 피로부터 성전과 제단 사이에서 너희가 죽인 바라갸의 아들 사가랴의
피까지 땅 위에서 흘린 의로운 피가 다 너희에게 돌아가리라 36 내가 진실로 너희에게
이르노니 이것이 다 이 세대에 돌아가리라

V. 관찰문제의 바른 답

말씀 돋보기(관찰)

1 예수님은 서기관들과 바리새인들의 어떤 점은 지키고, 어떤 점은 본받지 말라고 하셨는가? 그 이유는 무엇인가?(23:3)

a) 지킬 것과 본받지 말 것: 서기관과 바리새인들이 말하는 바는 행하고 지키되, 행위는 본받지 말라

b) 이유: 말만 하고 행하지 않기 때문에

Tip 예수님은 무리와 제자들에게 지도자들(서기관들과 바리새인들)의 교만과 위선에 관해 말씀하신다. 그들의 말은 듣되 행실은 따라 하지 말라며 그들의 말과 행실이 일치하지 않음을 지적하신다. 서기관은 성경을 해석하고 가르치는 일을 전문적으로 하는 이들이며, 바리새인은 율법을 일상에

서 어떻게 실천할 것인가를 고민하는 사람들이다. 그들은 지도자로서 말로는 율법을 해석하고 가르치지만, 가르친 대로 살지 않았다. 서기관들과 바리새인들은 '구전 율법'이라는 명분으로 온갖 규범과 과제를 만들어 사람들에게 강요했고, 모세의 율법보다 더 무거운 짐을 지웠다. 율법으로 사람들에게 무거운 짐을 지우면서 정작 그들 자신은 이 짐을 옮기거나 짐을 진 사람들을 돕기 위해 손가락 하나도 움직이려 하지 않았다. 원래 좋은 스승은 제자들이 져야 할 짐을 가볍게 해 준다. 우리의 스승이신 예수님이 우리의 무거운 짐을 내려놓고 가벼운 짐을 지워 주신 것처럼 말이다.

율법대로 사는 것이나 사람들의 짐을 덜어 주는 일에 전혀 관심이 없는 자들이 사람들의 눈은 기가 막히게 의식했다. 그들은 사람들의 존경과 인기를 얻기 위해 안간힘을 썼다. 예수님은 이 같은 그들의 행위를 지적하셨다. 첫째, 그들은 신앙이 깊은 사람들처럼 보이려고 경문 띠와 옷술을 최대한 크게 만들어 눈에 띄게 치장하고 다녔다. 유대인들은 계명을 양피지에 기록해 접은 후 테필린이라는 작은 가죽 쌈지에 넣어 이마와 팔에 달고 다녔는데, 이 테필린을 '경문'이라고 한다. 옷술은 입고 다니는 옷의 잘 보이는 곳에 청색 끈을 단 것으로, 이 술을 볼 때마다 하나님의 말씀을 기억해 계명을 실천하라는 의미를 지녔다(민 15:39). 둘째, 그들은 행사와 잔치에서 높은 자리에 앉는 것을 즐겼다. 당시 풍습에서는 존귀한 사람일수록 잔치를 베푼 사람 가까이에 앉았다. 셋째, 사람들이 자신들에게 경의와 존경 표하는 것을 즐겼다. 문안받는 것은 일상적인 인사 나눔이 아니라 중요한 사람을 맞이하는 것처럼 예의와 경의를 표하는 것을 뜻한다.

2 예수님은 랍비, 아버지, 지도자를 예로 들며 제자들에게 권면하신다. 세 가지 권면과 그 이유는 무엇인가? 또한 교회에서 높아지려면 어떻게 해야 하는가?(23:8-10, 11-12)

a) 랍비에 관한 권면과 이유(8절): "랍비라 칭함을 받지 말라", 제자들의 선생은 한 분이요 모두 형제이기 때문에

b) 아버지에 관한 권면과 이유(9절): "땅에 있는 자를 아버지라 하지 말라", 제

자들의 아버지는 오직 한 분 곧 하늘에 계신 하나님이기 때문에

c) 지도자에 관한 권면과 이유(10절): "지도자라 칭함을 받지 말라", 제자들의 지도자는 한 분 곧 그리스도시기 때문에

d) 교회에서 높아지는 비결(11-12절): 자기를 낮추고 섬기는 것

Tip 예수님은 세 가지 직분과 관계를 예로 들며 제자들에게 권면하신다. 첫째, 랍비로 칭함을 받지 말라고 하신다. 랍비로 칭함을 받지 말라는 것은 사람들에게 선생 대접, 곧 존귀한 자로 대접받지 말라는 뜻이다. 제자들의 선생님은 오직 한 분이며, 제자들은 모두 형제이기 때문이다. 오직 예수님만이 우리의 선생님이시다. 예수님은 오직 제자들만 배출하셨고, 예수님의 제자들은 지위의 높낮이 없이 모두 같은 신분과 위치에 있는 형제자매들이다. 둘째, 땅에 있는 자를 아버지라 하지 말라고 하신다. 우리의 아버지는 오직 한 분, 곧 하늘에 계신 하나님이시기 때문이다. 오직 하나님만이 우리의 아버지시며, 하나님은 아버지가 자식을 양육하고 후원하듯 우리를 대하신다. 교회 안에서는 높은 사람(아버지)도, 낮은 사람(자식)도 없어야 한다. 오직 하나님 한 분만이 우리의 아버지이시기 때문이다. 셋째, 지도자라 칭함을 받지 말라고 하신다. 우리의 지도자는 오직 한 분, 곧 그리스도이시기 때문이다. 우리 공동체에서 영광과 존귀를 받으실 분은 오직 삼위일체 하나님 한 분뿐이다.

그렇다면 교회에서는 어떻게 높아질 수 있는가? 예수님은 큰 자가 되려면 섬기는 자가 되어야 한다며, 높아지려면 낮아지라고 하신다. 누구든지 자신을 높이는 자는 낮아지고, 자기를 낮추는 자는 높아지는 것이 하나님 나라의 원칙이기 때문이다. 이 원칙은 예수님이 이미 말씀하신 것으로(20:26-27), 이를 다시 반복하는 이유는 서기관들과 바리새인들이 지향하는 리더십과 완전한 대조를 이루기 때문이다. 이 원칙은 외우기는 쉬워도 실천하기는 매우 어렵기에 한 번 더 말씀하시는 것이다.

3 예수님이 유대교 지도자들에게 하신 비난 중 그들이 천국과 맹세에 관해 잘못 가르치고 있는 것은 무엇인가?(23:13-14, 16-18)

a) 천국에 관한 잘못된 가르침(13-14절): 천국 문을 닫아 그들 자신뿐 아니라

다른 사람들도 들어가지 못하게 하고, 교인이 생기면 지옥 자식이 되게 함

b) 맹세에 관한 잘못된 가르침(16-18절): 성전으로 맹세하면 아무 일이 없고 성전의 금으로 맹세하면 지키라 하고, 제단으로 맹세하면 아무 일이 없고 제단 위의 예물로 맹세하면 지키라고 가르침

Tip

바리새인들과 서기관들은 천국 문을 사람들 앞에서 닫아 그들 자신도 들어가지 않고, 들어가려는 사람들도 들어가지 못하게 했다. 그뿐만 아니라 교인이 생기면 지옥 자식이 되게 했다. 당시 유대교 지도자들은 그들이 소속된 회당을 찾아가 이방인 중 유대교로 개종한 사람들에게 할례를 받도록 설득했다. 안타깝게도 이 지도자들은 개종자들 역시 하나님 나라에 들어가지 못하게 했다. 결국 이방인 개종자들을 그들보다 '배나 더 지옥 자식'이 되게 했다. 유대교 지도자들은 자신들이 율법을 해석하고 가르치는 이유가 사람들이 하나님께 나아가는 삶을 살게 하기 위해서라고 하지만, 정작 그들의 해석과 가르침은 사람들이 하나님께 나아가는 길을 막았다. 더 심각한 범죄는 온갖 잘못된 율법 해석으로 억지를 쓰며 예수님을 메시아로 영접하기를 거부한 점이다. 천국으로 들어간다는 것은 회심하고 하나님의 백성이 된다는 뜻이다. 그들은 무리가 예수님을 메시아로 인정하는 것을 막으려고 안간힘을 썼다.

예수님은 유대교 지도자들을 향해 눈먼 자들이라고 하시면서 맹세에 대한 두 가지 사례를 들어 비난하신다. 첫째, 지도자들은 누구든지 성전으로 맹세하면 아무 일 없지만 성전의 금으로 맹세하면 반드시 지키라고 가르친다. 성전에 있는 금은 누군가가 하나님께 드린 것이기 때문에 지켜야 하지만, 성전은 하나님의 거처이지 하나님께 드린 것이 아니기 때문에 성전으로 맹세하면 지키지 않아도 된다고 가르쳤다. 그러나 예수님은 성전이 금을 거룩하게 하지 금이 성전을 거룩하게 하지는 못한다고 하시며 성전이 금보다 더 크다고 반박하신다. 둘째, 바리새인들은 제단으로 맹세하면 아무 일이 없지만, 제단 위에 있는 예물로 맹세하면 지켜야 한다고 가르쳤다. 예수님은 제단이 그 위에 놓인 예물을 거룩하게 하기 때문에 제단이 더 크다고 말씀하신다. 예수님은 모든 맹세는 하나님께 하는 것이기 때문에, 제단으로 맹세하는 것은 제단과 그 위에 있는 모

든 것으로 맹세하는 것이고, 성전으로 맹세하는 것은 성전과 그 안에 계신 이로 맹세하는 것이며, 하늘로 맹세하는 것은 하나님의 보좌와 그 위에 앉으신 이로 맹세하는 것이라고 가르치신다. 예수님은 이미 어떤 것으로도 맹세하지 말라고 하셨는데, 이는 하나님의 이름과 명예를 훼손할 수 있기 때문이다.

4 예수님은 유대교 지도자들의 행위 중 십일조에 관한 잘못된 가르침과 겉과 속의 다름에 대해 어떻게 비난하시는가?(23:23, 25, 28)

a) 십일조에 관한 잘못(23절): 십일조는 드리되 정의와 긍휼과 믿음은 버림

b) 겉과 속의 다름 1(25절): 겉은 깨끗이 하되 그 안에는 탐욕과 방탕이 가득함

c) 겉과 속의 다름 2(28절): 겉으로는 사람에게 옳게 보이되 안으로는 외식과 불법이 가득함

Tip

유대교 지도자들은 십일조를 드리되, 짐승뿐 아니라 곡식과 기름과 포도주 등 채소와 텃밭에서 자라는 박하와 회향과 뿌리채소 등의 식물도 드려야 한다고 했다. 이에 따라 당시 사람들은 수입의 17-20%를 십일조로 드렸다. 십일조 율법에 대해 온갖 세부적인 사항을 만들어 지키게 하다 보니 빚어진 일이다. 그들은 십일조의 세부적인 디테일을 강요하면서도 정작 율법이 가장 중요하게 여기는 정의와 긍휼과 믿음은 버렸다. '정의'는 올바른 판단을 의미하는 것으로 모든 사람을 공정하게 대해야 함을 말하고, '긍휼'은 남을 인자하고 자비롭게 대하는 것이며, '믿음'은 신뢰와 성실함을 의미한다. 이 세 가지는 구약에서 가장 중요한 핵심적인 가치다. 바리새인들은 이 같은 가치를 자신도 추구하지 않고 사람들에게도 강요하지 않는 대신, 십일조 율법을 아주 세세하게 지킬 것을 가르치고 강요했다. 예수님은 이렇게 행하는 그들을 맹인 된 인도자라고 하시면서 그들이 율법에서 중요한 것들을 전혀 보지 못한다고 비난하신다. 이 비난은 우선권에 관한 문제다. 우선권이 흔들리면 별로 중요하지 않은 것을 가장 중요한 것으로 착각해 생명을 걸 수도 있다.

예수님은 서기관들과 바리새인들의 겉과 속을 대조하신다. 그들은 겉은 깨끗이 하되 그 안에는 탐욕과 방탕으로 가득했다. 예수님은 속이 겉보다 중요하다며 바리새인들의 가치관을 완전히 뒤집으신다. 속이 깨끗하면 그 정결함이 밖으로 흘러나오기 때문이다. 반면에 겉으로 드러나는 정결은 마음이 정결하다는 것을 보장하지 못한다.

또한 예수님은 바리새인들이 겉으로는 사람에게 옳게 보이되 안으로는 외식과 불법이 가득하다고 하시며 겉과 속의 다름을 비난하신다. 그들은 겉으로는 아름답게 보이지만 안에는 죽은 사람의 뼈와 모든 더러운 것으로 가득한 회칠한 무덤과 같다. 겉모습은 참으로 하나님을 사랑하는 사람으로 보이지만, 정작 마음으로는 하나님의 아들을 거부해 온갖 죄와 위선과 불법으로 가득한 삶을 살고 있다는 뜻이다.

5 예수님은 서기관과 바리새인들이 선지자들을 죽인 그들의 조상과 다를 바 없다고 하시면서 어떻게 하라고 하셨는가? 이 말씀의 의미와 결과는 무엇인가?(23:32, 35-36절, Tip 참조)

a) 서기관과 바리새인에게 하신 말씀(32절): "너희 조상의 분량을 채우라"

b) 의미(Tip 참조): 그들의 조상들이 선지자들을 죽였던 것처럼 그들 역시 예수님을 죽임으로써 조상들이 시작한 죄의 분량을 채울 것이라는 뜻

c) 결과(35-36절): 선지자들과 의인들이 흘린 의로운 피가 이 세대에 돌아감 (하나님의 심판이 임함)

Tip

서기관들과 바리새인들은 옛적에 순교한 선지자들의 무덤을 만들고 의인들의 비석을 꾸미면서 그들 자신은 옛적에 선지자들을 죽인 조상들과 다르며 전혀 관계가 없는 듯 행세한다. 그러나 그들은 선지자를 죽인 사람들의 후손이다. 또한 그들은 조상들이 선지자들을 죽인 만행을 아직도 이어 가고 있다. 선지자로 온 세례 요한을 죽였고, 하나님의 아들이신 메시아 예수님을 죽이려고 하기 때문이다. 그들은 조상들의 죄를 되풀이하고 있다. 그들은 조상들의 손에 죽은 선자자들을 기념하긴 했지만, 과거를 통해 배우지는 못했다.

그러므로 예수님은 그들에게 조상의 분량을 채우라고 하신다. 조상들이 선지자들을 죽였던 것처럼 그들이 예수님을 죽임으로써 조상들이 시작한 죄의 분량을 채울 것이라는 뜻이다. 그들이 조상이 시작한 만행을 완

성해야 하나님의 심판이 임할 것이기 때문이다.

예수님은 순교자들과 의인들을 죽인 죗값이 바리새인과 서기관들에게 돌아갈 것이며, 이 세대에게도 의인의 피를 흘린 죗값이 돌아갈 것이라고 하신다. 그들도 악한 지도자들의 어리석은 율법 해석에 놀아나 예수님을 영접하지 않았기 때문이다. 선지자들이 항상 책임 추궁을 소수(지도자)에게 하지만 책임 전가는 백성 모두에게 한 것처럼, 예수님도 같은 원리를 적용하신다.

VI. 적용과 나눔

삶의 내비게이션(적용)

1 서기관들과 바리새인들은 조상들의 손에 죽은 선지자들을 기념했지만, 과거를 통해 배우지는 못했다. 자신들과 상관없는 일이라며 거리를 두었다. 당신이 속한 공동체가 과거 또는 현재에 저지른 죄를 나의 죄인 것처럼 회개하고 용서를 구한 일은 무엇인가?

관찰문제 5번 참고. 예수님은 우리가 속한 공동체가 과거에 저지른 죄를 마치 우리가 저지른 죄인 것처럼 여기며 회개하고 용서를 구해야 한다고 가르치신다. 아무리 부인해도 공동체의 일원으로서 우리도 그 자리에 있었기 때문이다. 바리새인들은 과거를 통해 배우지 못했기 때문에 그들의 조상들처럼 예수님을 죽였다. 종종 유대인 중에 어떻게 하나님의 아들이신 예수님을 죽일 수 있느냐며 분노하는 사람들을 본다. 그러면서 만일 자기가 그 자리에 있었다면 예수님을 죽이려는 이들을 요절냈을 것이라고 한다. 그러나 예수님이 죽으시던 날, 우리 역시 예수님을 어떻게 하면 좋겠냐는 빌라도의 질문에 "십자가에 못 박혀야 하겠나이다"라고 대답한 무리 가운데 있었다는 사실을 인정해야 한다(cf. 27:22).

성경에는 공동체의 죄를 자신의 죄로 여기며 하나님께 용서를 구한 인물들이 등장한다. 대표적인 인물이 에스라와 느헤미야다. 에스라는 바벨론 포로에서 돌아온 귀향민들이 이방인과 결혼해 하나님께 등을 돌리고 이방 종교에 빠져 있는 모습을 보고서 조상 때로부터 오늘까지 우리의 죄가 심하고 다시 주의 계명을 거역하고 주께 범죄하였다며 하나님께 회개의 기도를 드린다(스 9:6-15). 한편, 느헤미야는 수산 궁에서 예루살렘 주민이 환난을 당하고 성벽이 허물어지고 성문이 불탔다는 소식을 듣고 통곡하며 기도하는데, 이때 나와 내 아버지 집이 범죄하여 주의 계명을 지키지 않아 악을 행했다고 고백하며 종의 기도를 들으사 은혜를 입게 해 달라고 기도한다(느 1:5-11). 느헤미야와 에스라의 경우 공동체에 속한 구성원의 일이 곧 자신의 일이고, 공동체의 죄가 곧 자신의 죄가 된 것이다. 그들은 하나님 앞에서 죄를 지은 백성만큼이나 자신이 죄인임을 고백한다. 공동체의 일원으로서 책임을 통감하는 바른 리더의 모습이다. 남에게 좋은 일이 있을 때는 앞장서서 그 일을 자신의 일로 여기지만, 공동체에 어려운 일이 생기면 슬며시 자리를 뜨는 사람들이 허다한 오늘날 에스라와 느헤미야는 진정한 지도자의 모습을 보여 준다. 각자 속한 공동체 안에 과거 또는 현재에 계속되고 있는 죄는 무엇인지 돌아보고, 먼저 하나님께 회개 기도를 드린 후 사과하고 용서를 구해야 할 부분은 지금이라도 용기 있게 용서를 구함으로써 죄가 반복되지 않도록 결단하는 시간을 갖는다.

2 예수님은 큰 자가 되려면 섬기는 자가 되라며, 자기를 낮추는 자는 높아진다고 말씀하신다. 하나님 나라의 리더십은 섬기는 리더십이다. 당신이 가장 따르고 싶은 리더는 누구이며, 그 이유는 무엇인가?

관찰문제 2번 참고. 본문은 기독교 리더의 길을 가는 사람들에게 중요한 교훈을 준다. 첫째, 리더는 말로만 가르치고 설교하는 것이 아니라 리더의 삶 자체가 설교와 가르침이 되어야 한다. 그렇게 하지 않으면 예수님이 비난하시는 서기관들과 바리새인들과 별반 다를 바 없다. 둘째, 리더는 성도들에게 가벼운 신앙의 짐을 지워 주어야 한다. 이것이 예수님이 원하시는 바다. 이 땅에서 하나님 말씀에 순종하며 사는 일이 무거운 짐이 아니라 행복하고 즐거운 삶이라는 것을 성도들이 경험하게 해야 한다. 셋째, 리더는 사람들의 눈에 띄어 인기와 존경을 받으려 하지 말고, 은밀한 곳에서 보시는 하나님께 인정받기 위해 노력해야 한다. 넷째, 리더는 성도들과 다르지 않은 형제자매라는 사실을 마음에 새겨야 한다. 교회에서 유일하게 우리와 다른 신분과 지위를 가진 이는 삼위일체 하나님이시다. 다섯째, 리더는 성도들을 섬기고 또 섬겨야 한다. 섬기는 리더십은 하나님 나라의 가장 기본적이고 중요한 원칙이다. 예수님이 우리에게 모범을 보이셨으니, 주님을 닮기 위해서라도 따라 해야 한다.
우리 주변에는 리더가 무수히 많이 존재하고, 그들에게서 배우고 싶은 모습들을 종종 발견하게 된다. 자신이 한 약속을 꼭 지키는 모습, 할 일이 보이면 먼저 자원해 솔선수범하는 모습, 휴식과 취미를 즐기며 육체와 정신을 건강하게 단련하는 모습, 맡겨진 작은 일에 충성하는 모습, 다른 사람의 유익을 위해 자신의 은사와 자원을 내어주는 모습, 시간을 지혜롭게 사용하는 모습, 계획을 잘 세우고 우선순위에 따라 움직이는 모습, 타인의 아픔을 공감하고 위로하는 모습, 훈련을 통해 발전하고 성장해 가는 모습 등이 있다. 좋은 리더는 타고나는 것이 아니라 훈련을 통해 만들어진다. 먼저 말씀과 훈련을 통해 참 스승이신 예수님의 참 제자가 되어 따라갈 때, 우리 또한 교회와 가정과 직장 안에서 영향력 있는 리더로 세워질 수 있다.

3 서기관들과 바리새인들은 겉은 깨끗하고 아름답게 치장하되 속은 탐욕과 방탕, 외식과 불법으로 가득했다. 예수님은 속이 겉보다 중요하다고 가르치신다. 당신의 삶에서 겉과 속이 다르게 표현될 때는 언제이며, 내면의 아름다움을 위해 노력하고 있는 것은 무엇인가?

관찰문제 4번 참고. 예수님은 바리새인들과 서기관들을 회칠한 무덤에 비유하시는데, 겉으로는 아름답게 보이지만 안에는 온갖 더러운 것으로 가득하다고 하시며 사람을 외모로 판단해서는 안 된다고 권면하신다. 겉모습은 아름다운 것으로 치장할 수 있으나 안은 썩을 대로 썩었을 수 있다. 이와는 대조적으로 겉모습은 초라하고 별 볼 일 없어 보여도 마음은 진국인 사람들이 있다. 우리는 마음이 온갖 아름다운 것으로 가득한 사람이 되어야 하며, 교회는 성도들을 이런 사람으로 양육해야 한다.
우리 삶에서 겉과 속이 다르게 표현될 때가 있다. 다른 사람이 나보다 잘 나가거나 승승장구할 때 겉으로는 칭찬과 축하의 말을 건네지만 속으로는 시기와 질투로 화가 날 때, 다른 사람 앞에서는 웃다가 뒤돌아서 흉을 보거나 욕할 때, 희생적이고 신실한 척하지만 자기 이익 앞에서는 조금도 손해 보지 않으려고 할 때가 있다. 또한 우리는 그 어느 때보다 외적인 아름다움을 갖추기 위해 얼굴과 몸매, 옷차림 등에 시간과 에너지를 쏟고 있다. 사람과의 관계에서도 보여 주기 식의 관계를 맺고 있는데, 대표적인 예가 페이스북이나 인스타그램 등의 SNS를 통해 자신의 라이프 스타일을 끊임없이 업로드하며 사람들의 관심을 받고 싶어 하는 '관종'이라는 단어다. 요즘 시대에는 SNS를 통해 관심을 끌어모으는 것도 능력이고 자산이 될 수 있다. 하지만 남들에게 보여 주려고 하다 보니 자신의 내면을 살피지 못하는 문제점 또한 있다. 내면의 아름다움은 눈에 보이지는 않지만 말과 행동, 인격을 통해 드러난다. 내면의 아름다움을 기르기 위해 성경이나 양질의 도서를 읽으며 지혜를 찾고, 돈이나 물건이나 시간 등을 기부하며 넉넉하고 너그러운 마음을 기르고, 다른 사람과 비교하지 않고 하나님 안에서 자신의 소중함과 가치를 찾아가는 노력이 우리를 더욱 아름답고 빛나게 할 수 있다.

Ⅶ. 마무리

기도로 마무리한다.
제10주 관찰문제를 예습해 오게 한다.
실천과제를 제시한다.

생활의 아로마(실천)

예 1) 생활 속에서 내면의 아름다움(거룩함)을 가꾸는 방법을 찾아 한 가지씩 실천한다.

2) 가장 따르고 싶은 리더의 모습을 찾아 자신의 상황에 맞게 구체적으로 실천한다.

제9주 성경공부 NOTE

제9주 성경공부 NOTE

제10주 기념될 헌신, 기억될 배신

마태복음 26:1–30

학습목표

하나님을 사랑한다는 우리 역시 사단의 도구로 전락할 수 있다는 사실을 알고, 주님 앞에서 항상 정직하고 겸손한 태도로 살아간다.

KEYWORD **기회, 선택, 성찬**

I. 찬양과 기도

II. 지난주 실천과제 나눔

III. 복습문제 풀이

복습

1 예수님은 서기관들과 바리새인들의 어떤 점은 지키고, 어떤 점은 본받지 말라고 하셨는가? 그 이유는 무엇인가?(23:3)

a) 지킬 것과 본받지 말 것: 서기관과 바리새인들이 말하는 바는 행하고 지키되, 행위는 본받지 말라

b) 이유: 말만 하고 행하지 않기 때문에

Ⅳ. 말씀 마태복음 26:1-30을 다 함께 읽는다

26:1 예수께서 이 말씀을 다 마치시고 제자들에게 이르시되 2 너희가 아는 바와 같이
이틀이 지나면 유월절이라 인자가 십자가에 못 박히기 위하여 팔리리라 하시더라 3 그
때에 대제사장들과 백성의 장로들이 가야바라 하는 대제사장의 관정에 모여 4 예수
를 흉계로 잡아 죽이려고 의논하되 5 말하기를 민란이 날까 하노니 명절에는 하지 말
자 하더라 6 예수께서 베다니 나병환자 시몬의 집에 계실 때에 7 한 여자가 매우 귀한
향유 한 옥합을 가지고 나아와서 식사하시는 예수의 머리에 부으니 8 제자들이 보고
분개하여 이르되 무슨 의도로 이것을 허비하느냐 9 이것을 비싼 값에 팔아 가난한 자
들에게 줄 수 있었겠도다 하거늘 10 예수께서 아시고 그들에게 이르시되 너희가 어찌
하여 이 여자를 괴롭게 하느냐 그가 내게 좋은 일을 하였느니라 11 가난한 자들은 항
상 너희와 함께 있거니와 나는 항상 함께 있지 아니하리라 12 이 여자가 내 몸에 이 향
유를 부은 것은 내 장례를 위하여 함이니라 13 내가 진실로 너희에게 이르노니 온 천
하에 어디서든지 이 복음이 전파되는 곳에서는 이 여자가 행한 일도 말하여 그를 기
억하리라 하시니라 14 그 때에 열둘 중의 하나인 가룟 유다라 하는 자가 대제사장들
에게 가서 말하되 15 내가 예수를 너희에게 넘겨 주리니 얼마나 주려느냐 하니 그들이
은 삼십을 달아 주거늘 16 그가 그 때부터 예수를 넘겨 줄 기회를 찾더라 17 무교절의
첫날에 제자들이 예수께 나아와서 이르되 유월절 음식 잡수실 것을 우리가 어디서 준
비하기를 원하시나이까 18 이르시되 성안 아무에게 가서 이르되 선생님 말씀이 내 때
가 가까이 왔으니 내 제자들과 함께 유월절을 네 집에서 지키겠다 하시더라 하라 하시
니 19 제자들이 예수께서 시키신 대로 하여 유월절을 준비하였더라 20 저물 때에 예수
께서 열두 제자와 함께 앉으셨더니 21 그들이 먹을 때에 이르시되 내가 진실로 너희에
게 이르노니 너희 중의 한 사람이 나를 팔리라 하시니 22 그들이 몹시 근심하여 각각
여짜오되 주여 나는 아니지요 23 대답하여 이르시되 나와 함께 그릇에 손을 넣는 그가
나를 팔리라 24 인자는 자기에 대하여 기록된 대로 가거니와 인자를 파는 그 사람에게
는 화가 있으리로다 그 사람은 차라리 태어나지 아니하였더라면 제게 좋을 뻔하였느
니라 25 예수를 파는 유다가 대답하여 이르되 랍비여 나는 아니지요 대답하시되 네가
말하였도다 하시니라 26 그들이 먹을 때에 예수께서 떡을 가지사 축복하시고 떼어 제
자들에게 주시며 이르시되 받아서 먹으라 이것은 내 몸이니라 하시고 27 또 잔을 가지
사 감사 기도 하시고 그들에게 주시며 이르시되 너희가 다 이것을 마시라 28 이것은

죄 사함을 얻게 하려고 많은 사람을 위하여 흘리는 바 나의 피 곧 언약의 피니라 29 그
러나 너희에게 이르노니 내가 포도나무에서 난 것을 이제부터 내 아버지의 나라에서
새것으로 너희와 함께 마시는 날까지 마시지 아니하리라 하시니라 30 이에 그들이 찬
미하고 감람 산으로 나아가니라

건너뛴 장 내용 요약

24–25장 예수님의 예언과 제자들의 질문(24:1–3), 새로운 시대를 위한 산통(24:4–28), 인자의 오심(24:29–31), 시대 분별(24:32–35), 날과 시각은 알 수 없음(24:36–41), 항상 준비하라는 비유적인 가르침(24:42–25:46)

V. 관찰문제의 바른 답

말씀 돋보기(관찰)

1 유월절이 다가오자 예수님은 제자들에게 무엇을 예언하셨는가? 그 때 대제사장들과 장로들은 어떤 의논을 했는가?(26:1–4)

a) 예수님의 예언(2절): 유월절에 십자가에 못 박히기 위해 팔릴 것을 예언하심

b) 대제사장들과 장로들의 의논(4절): 예수를 흉계로 잡아 죽이려고 의논함

Tip

유월절이 이틀 앞으로 다가오자 예수님은 자신이 유월절에 십자가에 못 박히기 위해 팔릴 것이라고 예언하신다. 하나님의 아들이요 메시아이시며, 온 세상을 심판하실 예수님이 인간의 심판을 받아 죽는다는 사실이 참으로 아이러니하다. 하지만 예수님은 유월절 어린양으로 죽으셔야 한다(고전 5:7).

그때 대제사장들과 장로들은 가야바라는 대제사장의 관정에 모여 예수님을 흉계로 잡아 죽이려고 의논했다. 이 유대교 지도자들은 하나님을 두려워하지 않는다. 그들이 두려워하는 유일한 것은 무리의 반응이다. 그들은 민란을 매우 두려워하기에 명절에는 하지 말자고 한다. 이들은

앞으로 이틀 동안 열심히 여론을 조작해 무리가 예수님을 '십자가에 못 박으라'고 외치게 할 것이다. 어느새 하나님을 가장 사랑한다는 자들이 마귀의 도구가 되었다. 이 말씀은 하나님을 사랑하는 우리 역시 마귀의 도구로 전락할 수 있음을 강력히 경고한다.

2 예수님이 식사하실 때 한 여인이 나아와 어떤 행동을 했는가? 예수님은 여인의 행동이 무엇을 위한 일이라고 하셨는가?(26:7, 12)

a) 여인의 행동(7절): 매우 귀한 향유 한 옥합을 가져와 예수님의 머리에 부음

b) 의미(12절): 예수님의 장례를 위한 일

Tip 예수님이 베다니 나병 환자 시몬의 집에서 식사하실 때 한 여인이 매우 귀한 향유 한 옥합을 가지고 나와 예수님 머리 위에 부었다. 요한은 이 여인이 나사로의 누이 마리아였다고 기록한다(요 12:3). 당시에는 축하할 일이 있을 때 손님의 머리 위에 기름을 붓는 것은 흔히 있었던 일이다. 하지만 예수님이 다윗의 후손으로 오신 하나님의 아들이라는 사실과 이 향유의 값이 300데나리온(노동자의 1년 봉급)이었음을 고려하면, 이 여인이 한 일은 메시아 왕에게 기름을 붓는 대단한 경배와 예배 행위였다. 예수님은 이때까지 계속 사람들에게 베풀기만 하셨으며 한 번도 사람들에게 '대접'을 받으신 적이 없으시다. 마지막으로 우리를 위해 목숨을 주러 가시는 길에 마리아가 이렇게라도 예를 갖추어 배웅해 드린 것이 얼마나 감사한 일인가! 모든 일에는 적절한 때가 있으며, 그 순간에만 할 수 있는 일들이 있다. 이 여인은 이때가 아니면 할 수 없는 아름다운 일을 했다.

예수님은 여인이 향유를 머리에 부은 일을 그분의 장례를 위한 일로 간주하신다. 마리아는 예수님이 곧 죽으실 것을 모르고 주님의 왕 되심과 자기 가정의 메시아가 되심을 고백하기 위해 향유를 부었을 것이다. 하지만 마리아는 자신이 의식한 것보다 더 큰 일을 했다. 예수님은 온 천하 어디서든지 복음이 전파되는 곳에서 이 여인이 행한 일도 말해 그를 기억하라고 하신다. 예수님은 자신이 다시 오실 때까지 복음이 세상 곳곳에 선포될 일을 예고하신다.

3 가룟 유다는 예수님을 넘겨주는 대가로 얼마를 받았는가? 그가 받은 죗값은 누구의 책임인가?(26:15-16, Tip참조)

a) 받은 돈(15절): 은 삼십

b) 죗값의 책임(Tip 참조): 악역을 자청한 자신의 책임

Tip

열두 제자 중 하나인 가룟 유다가 대제사장들을 찾아가 예수님을 넘겨주겠다며 돈을 요구했다. 대제사장들은 순례자들을 중심으로 폭동이 일어날까 봐 두려워 유월절을 피하려고 했지만, 예수님의 제자라는 자가 와서 돈을 주면 스승을 넘겨주겠다고 한다! 누가는 가룟 유다가 이 일을 하는 동안 사탄이 그에게 들어갔다고 한다(눅 122:3-4). 가룟 유다는 예수님을 영접한 척하며 열두 제자 중 하나가 되었지만, 하나님 나라에 입성한 성도는 아니었다. 하나님은 이런 자를 이용해 예수님을 죄인들의 손에 넘기셨다. 태초부터 진행해 오신 구속사가 절정에 달하려면 예수님이 대속적인 죽임을 당하셔야 하기 때문이다. 가룟 유다는 하나님의 계획을 일부 실현하는 도구라 할 수 있다. 하지만 그는 자원해서 메시아를 죽음에 넘기는 역할을 맡았다. 그러므로 악역을 자청한 죗값에 대한 책임을 피할 수 없다. 하나님의 계획과 인간의 책임은 항상 이런 형태로 조화를 이룬다.

가룟 유다는 예수님을 넘겨주는 대가로 은 30개를 받았다. 만일 데나리온 동전 30개라면 예수님은 노동자들의 한 달 치 월급에 팔리신 것으로, 마리아가 부은 향유 가격의 10분의 1이다. 만일 은 30세겔(=120데나리온)이라면 넉 달 치 월급이며, 소에 받혀 죽은 노예의 목숨값이다(출 21:32). 그래도 마리아가 부은 향유 가격의 3분의 1밖에 되지 않는다. 액수가 너무 적은 것으로 보아 가룟 유다의 배신은 돈 때문은 아닌 듯하다. 그가 받은 은 30개는 스가랴 11장 12-13절과 예레미야 19장 1-13절에 기록된 말씀을 성취한다. 가룟 유다가 은 30개에 예수님을 배신한 것은 마리아가 300데나리온의 값진 향유를 예수님께 부은 사건과 극명한 대조를 이룬다. 예수님을 온전히 따르는 소수가 있는가 하면, 노골적으로 훼방하고 따르는 척하며 배반하는 자가 훨씬 더 많았다는 것을 보여 준다.

4 목요일 저녁에 예수님이 제자들과 세우신 예식은 무엇이며, 그 예식에서 기념해야 할 것은 무엇인가?(Tip 참조)

a) **예수님이 제자들과 세우신 예식: 성찬식**

b) **기념해야 할 것: 예수님의 대속적인 죽음**

Tip

예수님은 목요일 해가 저물자 열두 제자와 함께 앉으셨다. 유월절은 니산월 15일 금요일이며, 14일 목요일에 해가 지면 시작된다. 14일 목요일 저녁, 예수님이 제자들과 유월절 식사를 하시며 성찬 예식을 행하신다. 이 예식은 하나님의 구속사에서 가장 중요한 예수님의 대속적인 죽음을 기념하는 예식이다. 예수님이 제자들과 함께 나누시는 유월절 만찬은 이전 것과는 완전히 다른 새로운 상징으로 변화하고 있다. 예전에는 유월절 만찬이 과거(출애굽)에 베풀어 주신 은혜(구원)를 기념하는 일이었다면, 이 순간부터는 미래(종말)에 있을 메시아의 만찬을 상징한다. 예수님은 하나님 나라에서 난 새 포도주를 제자들과 함께 다시 마실 때까지 포도주를 마시지 않겠다고 하신다. 이는 종말에 있을 메시아의 만찬을 의미한다.

5 성만찬에서 예수님이 제자들에게 주신 떡과 잔은 무엇을 상징하는가?(26:26-28)

a) **떡(26절): 예수님의 몸**

b) **잔(27-28절): 예수님의 피**

Tip

성만찬에서 예수님은 제자들에게 떡(무교병)을 나누어 주시면서 '내 몸'이라고 하신다. 이 떡은 십자가에서 상할 예수님의 몸을 상징한다. 주님의 찢기신 몸은 구속하는 효과를 지니고, 제자들을 위한 것이며, 많은 사람을 위한 것이다. 또한 잔은 십자가에서 흘리실 예수님의 피를 상징한다. 예수님의 피는 많은 사람이 죄 사함을 얻게 하려고 흘리신 언약의 피다. 믿는 사람들은 예수님의 대속적인 희생을 통해 하나님의 자녀가 되고 또한 하나님께 순종하며 살 능력을 얻는다.

가톨릭교회는 성찬식에서 사용하는 떡과 잔이 실제로 예수님의 몸과 피로 변한다는 '화체설'을 주장하고, 루터교는 성찬식의 떡과 잔 '안에, 함께, 아래에' 예수님의 몸과 피가 임한다는 '공존설'(공재설)을 주장한다. 그러나 성찬식에 예수님이 실제로 임하시는 것이 아니라, 영적으로 함께 하시는 것이라며 '기념적'으로 해석하는 개혁 교회와 장로교의 관점이 가장 합리적이다. 이 해석은 종교 개혁자 칼뱅이 처음 제시했다.

VI. 적용과 나눔

삶의 내비게이션(적용)

1 마리아가 예수님의 머리에 향유를 부은 일은 얼마 남지 않은 예수님의 장례를 위한 섬김이 되었다. 그녀는 이때가 아니면 할 수 없는 아름다운 일을 했다. 당신이 때를 놓쳐 하지 못한 아쉬운 일은 무엇이며, 때에 맞게 행한 일은 무엇인가?

관찰문제 2번 참고. 예수님은 향유를 팔아 가난한 자들에게 나눠 줘야 한다며 분노하는 제자들에게 마리아가 한 일은 '좋은 일'이라고 말씀하신다. 가난한 사람은 항상 그들 곁에 있지만 예수님은 조금 후면 떠나실 것이기 때문이다. 제자들은 그들을 꾸준히 도와주어야 하지만 지금은 예수님과 함께할 시간이 얼마 남지 않았으므로 예수님에게 집중해야 한다. 앞서 요한의 제자들이 예수님에게 제자들에게 금식을 시키지 않으신다고 항의할 때, 예수님은 그들이 나중에는 분명히 금식할 것이지만 자신과 함께 있는 동안은 아니라고 하셨다(9:14-17). 여인은 때에 맞는 좋은 일, 즉 아름다운 섬김을 실천한 것이다.

제자들의 말처럼 구제도 좋은 일이지만, 때로는 구제보다 더 시급하게 해야 할 중요한 일들이 있다. 그 순간을 놓치면 영원히 할 수 없는 일들도 있다. 그러므로 우리는 그 순간에만 할 수 있는 중요한 일들을 놓치지 않도록 때를 분별하는 영성과 지혜를 꾸준히 구해야 한다. 또한 이런 기회를 깨달을 때는 주저하지 않아야 한다.

우리 인생에도 때를 놓쳐 아쉬움으로 남은 일들이 있다. 학창 시절 공부를 열심히 하지 않은 것, 부모님에게 효도하지 않은 것, 일에 쫓겨 자녀들과 시간을 함께 보내지 못한 것, 부부간에 사랑을 충분히 표현하지 못한 것, 사랑했던 사람과 결혼의 때를 놓친 것, 돌아가신 부모님이나 형제에게 복음을 전하지 못한 것 등은 그 순간에만 할 수 있었던 일들이기에 후회와 아쉬움으로 남는다. 하지만 어떤 사람들은 같은 상황에서 때에 맞는 말과 행동으로 '아름다운 일'을 만들어 간다. 각자의 삶에서 때를 놓쳐서 하지 못한 아쉬운 일은 무엇인지 돌아보고, 더 늦기 전에 또한 지금의 때에 할 수 있는 일은 어떤 것이 있는지 나눈다.

2 성찬식은 예수님이 시작하신 전통으로 우리를 위한 예수님의 대속적인 죽음을 기념하는 예식이다. 당신은 어떤 마음과 태도로 성찬식에 참여하고 있는가? 또한 성찬을 받을 때마다 깊이 묵상하고 회복할 것은 무엇인가?

관찰문제 4, 5번 참고. 성찬식은 예수님의 죽으심과 부활을 기억하게 하고, 종말에 있을 예수님의 재림을 고대하며 행하는 예식이다. 성찬식은 출애굽 사건을 기념하기 위해 지킨 구약의 유월절(출 12장)과 깊은 관련이 있고, 예수님이 잡히시기 전날 밤 제자들과 나누신 주의 만찬을 통해 시작되었다. 주의 만찬 때 나누신 떡은 십자가에서 찢기실 몸을, 잔은 흘리실 피를 상징한다. 교회는 예수님이 보이신 모범을 좇아 성찬을 행함으로써 그리스도의 죽음과 부활을 기념하고, 이를 예수님이 재림하실 때까지 전해야 한다.

하지만 오늘날 교회에서 행해지는 성찬식은 제한된 예배 시간 중 특정한 순서에 따라 형식적으로 시행되면서 그 의미를 잃어 가고 있다. 성찬식이 지닌 의미는 우리 죄로 인해 죽으신 예수님의 죽음을 기념하고(고전 5:7), 그 죽음에 참여해(고전 10:16) 예수 그리스도와 연합하는 것을 믿는 것이다(롬 6:4). 그리고 부활과 영생을 소망하면서 예수님이 재림하실 때까지 그리스도의 십자가 복음을 세상에 전해야 한다(고전 11:26).

그러므로 성찬식을 결코 가볍게 여겨서는 안 된다. 성찬식에 임할 때 먼저 자신의 죄와 허물을 살피고 그리스도의 은혜와 사랑에 감사하는 마음으로, 믿음으로 성찬에 합당하게 참여해야 한다(고전 11:27-28). 또한 주님의 몸과 피를 분별하지 못하는 죄를 피해야 한다(고전 11:29). 즉, 떡과 잔 자체에 어떤 신비한 효험이 있다고 생각하거나 미신적인 의미를 부여하지 말고, 예수님의 고난에 동참하고 예수님과 연합하는 영적인 체험이 필요하다. 각자 성찬 예식에 참여할 때 어떤 마음과 태도로 참여하고 있는지 돌아보고, 회복해야 할 점은 무엇인지 이야기 나눈다.

3 가룟 유다는 예수님의 열두 제자라는 영광을 얻었지만, 메시아를 죽게 하는 악한 일을 스스로 도모함으로써 하나님 나라에 입성한 성도는 되지 못했다. 당신은 하나님 나라 역사에서 어떤 삶을 산 사람으로 기록되기를 원하는가? 또한 이를 위해 지금 헌신할 일은 무엇인가?

관찰문제 3번 참고. 가룟 유다는 예수님을 죽음에 넘기는 악한 일을 자청했고, 그 죗값을 피할 수 없다. 예수님이 "너희 중의 한 사람이 나를 팔리라" 하시고 "그가 차라리 태어나지 않았더라면 제게 좋을 뻔하였다"라고 하실 때 가룟 유다는 자신을 가리켜 하시는 말씀임을 알았을 것이다. 하지만 그는 곧바로 자리를 떠난다. 그 순간 회개하고 용서를 구했으면 좋았을 텐데 끝까지 회개하지 않았다.

가룟 유다는 지난 3년간 예수님을 따라다니며 가르침을 받고 행하시는 일을 가까이서 지켜보았다. 하지만 그는 예수님을 알지 못하는 자였다. 예수님이 사람의 마음과 생각까지 꿰뚫어 보시는 주님이심을 믿지 못했기에 예수님을 속이려는 생각을 품었다. 우리는 주님을 절대 속일 수 없고, 속이려는 생각을 품어서도 안 된다. 주님은 모든 것을 아신다! 그러므로 진실한 기도를 통해 솔직하게 자백하고 도와주시기를 바라는 사람이 현명하다.

우리는 모두 하나님 나라의 역사 가운데 살아가고 있으며, 어떤 삶을 사느냐는 우리의 선택에 달려 있다. 가룟 유다가 악한 일을 선택하고 '주님을 판 배신자'로 기억되는 반면, 마리아는 '주를 위해 아름다운 일을 행한 자'로 기념되고 있다. 하나님의 복음이 흘러가는 곳마다 '기념될 헌신 vs 기억될 배신'이라는 기록으로 남게 되었다. 우리가 원하든 원치 않든 우리가 살아온 삶의 흔적은 누군가를 통해 기억될 것이다. 하나님 나라 역사에서 어떤 삶을 산 사람으로 기록되기를 원하는지 자문하고, 지금 각자 삶 속에서 아름다운 일로 기념될 만한 헌신은 무엇인지 이야기해 본다.

Ⅶ. 마무리

기도로 마무리한다.
제11주 관찰문제를 예습해 오게 한다.
실천과제를 제시한다.

생활의 아로마(실천)

예 1) 지금이 적기인데 아직 때가 아니라고 생각하는 것은 무엇인지 점검하고, 찾아온 기회를 놓치지 않도록 지금 할 수 있는 일에 최선을 다한다.
2) 나의 삶에 아름다운 일로 기념될 만한 섬김을 지금 구체적으로 실천한다.

제10주 성경공부 NOTE

제10주 성경공부 NOTE

제11주 고독한 십자가

마태복음 27:27-56

학습목표

예수님의 죽음과 부활을 믿는 자는 직접 하나님께 나아갈 수 있음을 알고, 제자의 삶을 실천한다.

KEYWORD **희롱, 십자가, 증인**

I. 찬양과 기도

II. 지난주 실천과제 나눔

III. 복습문제 풀이

복습

1 유월절이 다가오자 예수님은 제자들에게 무엇을 예언하셨는가? 그때 대제사장들과 장로들은 어떤 의논을 했는가?(26:1-4)

a) 예수님의 예언(2절): 유월절에 십자가에 못 박히기 위해 팔릴 것을 예언하심

b) 대제사장들과 장로들의 의논(4절): 예수를 흉계로 잡아 죽이려고 의논함

Ⅳ. 말씀 마태복음 27:27-56을 다 함께 읽는다

27:27 이에 총독의 군병들이 예수를 데리고 관정 안으로 들어가서 온 군대를 그에게로
모으고 28 그의 옷을 벗기고 홍포를 입히며 29 가시관을 엮어 그 머리에 씌우고 갈대
를 그 오른손에 들리고 그 앞에서 무릎을 꿇고 희롱하여 이르되 유대인의 왕이여 평안
할지어다 하며 30 그에게 침 뱉고 갈대를 빼앗아 그의 머리를 치더라 31 희롱을 다 한
후 홍포를 벗기고 도로 그의 옷을 입혀 십자가에 못 박으려고 끌고 나가니라 32 나가
다가 시몬이란 구레네 사람을 만나매 그에게 예수의 십자가를 억지로 지워 가게 하였
더라 33 골고다 즉 해골의 곳이라는 곳에 이르러 34 쓸개 탄 포도주를 예수께 주어 마
시게 하려 하였더니 예수께서 맛보시고 마시고자 하지 아니하시더라 35 그들이 예수
를 십자가에 못 박은 후에 그 옷을 제비 뽑아 나누고 36 거기 앉아 지키더라 37 그 머
리 위에 이는 유대인의 왕 예수라 쓴 죄패를 붙였더라 38 이 때에 예수와 함께 강도 둘
이 십자가에 못 박히니 하나는 우편에, 하나는 좌편에 있더라 39 지나가는 자들은 자
기 머리를 흔들며 예수를 모욕하여 40 이르되 성전을 헐고 사흘에 짓는 자여 네가 만
일 하나님의 아들이어든 자기를 구원하고 십자가에서 내려오라 하며 41 그와 같이 대
제사장들도 서기관들과 장로들과 함께 희롱하여 이르되 42 그가 남은 구원하였으되
자기는 구원할 수 없도다 그가 이스라엘의 왕이로다 지금 십자가에서 내려올지어다
그리하면 우리가 믿겠노라

43 그가 하나님을 신뢰하니 하나님이 원하시면 이제 그를 구원하실지라

그의 말이 나는 하나님의 아들이라 하였도다 하며 44 함께 십자가에 못 박힌 강도들도
이와 같이 욕하더라 45 제육시로부터 온 땅에 어둠이 임하여 제구시까지 계속되더니
46 제구시쯤에 예수께서 크게 소리 질러 이르시되

엘리 엘리 라마 사박다니

하시니 이는 곧

나의 하나님, 나의 하나님, 어찌하여 나를 버리셨나이까

하는 뜻이라 47 거기 섰던 자 중 어떤 이들이 듣고 이르되 이 사람이 엘리야를 부른
다 하고 48 그 중의 한 사람이 곧 달려가서 해면을 가져다가 신 포도주에 적시어 갈대
에 꿰어 마시게 하거늘 49 그 남은 사람들이 이르되 가만 두라 엘리야가 와서 그를 구
원하나 보자 하더라 50 예수께서 다시 크게 소리 지르시고 영혼이 떠나시니라 51 이에
성소 휘장이 위로부터 아래까지 찢어져 둘이 되고 땅이 진동하며 바위가 터지고 52 무

덤들이 열리며 자던 성도의 몸이 많이 일어나되 53 예수의 부활 후에 그들이 무덤에서
나와서 거룩한 성에 들어가 많은 사람에게 보이니라 54 백부장과 및 함께 예수를 지키
던 자들이 지진과 그 일어난 일들을 보고 심히 두려워하여 이르되 이는 진실로 하나님
의 아들이었도다 하더라 55 예수를 섬기며 갈릴리에서부터 따라온 많은 여자가 거기
있어 멀리서 바라보고 있으니 56 그 중에는 막달라 마리아와 또 야고보와 요셉의 어머
니 마리아와 또 세베대의 아들들의 어머니도 있더라

V. 관찰문제의 바른 답

말씀 돋보기(관찰)

1 예수님의 죄패에 쓰인 타이틀은 무엇이며, 예수님의 십자가 양옆에 함께 달린 자들은 누구인가?(27:37-38)

a) 죄패에 쓰인 타이틀(37절): 유대인의 왕 예수

b) 십자가 양옆에 달린 자들(38절): 강도 둘

Tip 자신이 매달릴 십자가의 수평 기둥을 지고 관정을 떠나신 예수님이 골고다라는 사형 집행 장소에 도착하셨다. 이윽고 예수님이 십자가에 못 막히셨고, 머리 위에는 '유대인의 왕 예수'라고 쓴 죄패가 붙었다. 예수님은 섬김을 받는 왕이 아니라 섬기고 고난받는 인자로 오셨다. 그러나 유대교 지도자들과 빌라도가 예수님을 처형할 유일한 방법은 예수님을 로마 체제를 위협하는 정복자로 둔갑시키는 것이었다. 따라서 예수님의 죄를 나열하는 죄패에 이 타이틀이 새겨졌다. 빌라도는 조롱하며 죄패에 이렇게 적었겠지만, 그는 자신이 깨닫지 못한 진리를 선포하고 있다. 예수님은 참으로 유대인의 왕이시기 때문이다.

예수님의 양옆 십자가에는 강도 둘이 못 박혔다. 이들은 아마도 예수님 대신 풀려난 바라바의 부하였을 것이다. 예수님은 바라바가 매달려야 할 자리에 매달리셨다. 예수님의 양옆은 야고보와 요한이 탐내던 자리이지만, 이 순간 예수님의 양옆은 영광의 자리가 아니다.

2 십자가를 지신 예수님을 향해 사람들은 어떤 모욕과 희롱의 말을 했는가?(27:29, 39-44)

a) 군인들(29절): "유대인의 왕이여 평안할지어다"

b) 지나가는 자들(39-40절): "성전을 헐고 짓는 자여 네가 만일 하나님의 아들이어든 자기를 구원하고 십자가에서 내려오라"

c) 유대교 지도자들(41-43절): "그(예수님)가 남은 구원하였으되 자기는 구원할 수 없도다 그가 이스라엘의 왕이로다 지금 십자가에서 내려올지어다 그리하면 우리가 믿겠노라"

d) 강도들(44절, Tip 참조): 두 강도 중 하나는 "네가 그리스도가 아니냐 너와 우리를 구원하라"라며 예수님을 욕하고, 다른 하나는 "예수여 당신의 나라에 임하실 때에 나를 기억하소서"라고 말함

Tip

예수님의 십자가 사건을 통해 인간의 악함이 철저하게 드러난다. 로마 군인들은 예수님에게 홍포(로마 군인들과 관료들이 입은 붉은 망토)를 입히고 가시관을 씌운 후 갈대(지팡이)를 오른손에 들게 했다. 그러고는 마치 왕에게 경의를 표하듯 무릎을 꿇고 희롱하며 "유대인의 왕이여 평안할지어다"라고 외쳤다. 그들은 예수님의 감정과 자존심을 전혀 배려하지 않고 잔인하게 희롱하며 예수님에게 최악의 수치와 굴욕을 안겨 주었다.

예수님의 십자가 앞을 지나가는 자들은 "성전을 헐고 짓는 자여 네가 만일 하나님의 아들이어든 자기를 구원하고 십자가에서 내려오라"라며 빈정댔다. '네가 만일 하나님의 아들이기든'은 사탄이 예수님을 시험하면서 한 말로, 그들은 사탄이 한 말을 반복하고 있다. '십자가에서 내려오라'라는 말은 예수님에게 가장 큰 마지막 시험이었다. 십자가에서 내려오시면 모든 비아냥과 고난이 끝나지만, 하나님 백성을 구원하는 일은 포기하셔야 한다.

대제사장들과 서기관들과 장로들은 유대교 지도자로서 공회(산헤드린)를 구성하는 자들이다. 산헤드린은 예수님이 신성 모독을 했다며 사형을 선고한 자들이다. 그들이 이렇게 행한 것은 자신의 이권이 위협받고 있다고 생각했기 때문이며, 시기와 질투 때문이다. 그들은 예수님이 다른 사람은 구원했지만 자신은 구원하지 못한다며 빈정댔고, 이스라엘의 왕이

라는 자가 꼴사납게 십자가에 매달렸다면서 만일 십자가에서 내려오면 믿겠다며 예수님을 조롱했다. 예수님은 그들의 말대로 자신을 구원할 능력이 없는 것이 아니라 능력이 있지만 하지 않으신다. 만일 예수님이 자신을 구원하시면 인류를 구원하는 일은 물 건너가기 때문이다.

예수님의 십자가 양편에 못 박힌 강도들의 말은 마태복음에는 기록되어 있지 않지만, 누가가 이를 자세하게 기록한다(눅 23:39-43). 두 강도 중 하나는 "네가 그리스도가 아니냐 너와 우리를 구원하라"(눅 23:39)라며 예수님을 욕했고, 다른 하나는 "예수여 당신의 나라에 임하실 때에 나를 기억하소서"(눅 23:42)라며 천국에 들어갈 길을 물었다. 예수님은 길을 물은 자를 하나님 나라로 인도하셨다. 주님은 숨을 거두는 순간까지 전도하신 것이다. 이를 통해 한 사람이라도 더 구원하시려는 하나님의 간절한 바람을 엿볼 수 있다.

3 예수님이 십자가에서 말씀하신 가상칠언 중 네 번째 말씀과 그 의미는 무엇인가?(27:46)

a) 가상칠언 중 제4언: "엘리 엘리 라마 사박다니"

b) 의미: "나의 하나님, 나의 하나님, 어찌하여 나를 버리셨나이까"

Tip

예수님은 제육시(정오)부터 제구시(오후 3시)까지 3시간 정도 십자가에 매달려 계셨다. 정오에 시작된 어둠은 예수님이 숨을 거두시기까지 계속되었다. 이는 예수님이 하나님의 구속사를 이루기 위해 많은 사람을 대신해서 죽으시지만, 이 광경을 지켜보는 하나님 아버지의 마음이 많이 아프셨음을 암시한다. 하나님은 예수님을 십자가에 못 박은 사람들과 죄인들의 죄를 대신 지신 예수님을 심판하신다는 징조로 온 땅에 어둠이 임하게 하셨다.

예수님은 십자가에서 일곱 가지 말씀(가상칠언)을 하셨다. 이중 마태가 유일하게 기록하는 것은 네 번째 말씀(제4언)인 "엘리 엘리 라마 사박다니"다. 이 말씀은 "나의 하나님, 나의 하나님, 어찌하여 나를 버리셨나이까"라는 의미로 시편 22편 1절을 인용한 것이다. 이 시편의 저자인 다윗은 이 외침을 통해 일이 잘못된 것에 대해 하나님을 원망하는 것이 아니라, 하나님의 도움이 가장 절실하게 필요할 때 침묵하시는 하나님의 숨으심에 대해 탄식한다. 하나님께 버림받는 고통에 대한 예수님의 울부짖음이다.

* 가상칠언(架上七言)

제1언 "아버지 저들을 사하여 주옵소서 자기들이 하는 것을 알지 못함이니이다"(눅 23:34)

제2언 "내가 진실로 네게 이르노니 오늘 네가 나와 함께 낙원에 있으리라"(눅 23:43)

제3언 "여자여 보소서 아들이니이다 보라 네 어머니라"(요 19:26–27)

제4언 "나의 하나님, 나의 하나님, 어찌하여 나를 버리셨나이까"(마 27:46)

제5언 "내가 목마르다"(요 19:28)

제6언 "다 이루었다"(요 19:30)

제7언 "아버지 내 영혼을 아버지 손에 부탁하나이다"(눅 23:46)

4 예수님이 숨을 거두실 때 어떤 현상이 나타났는가? 성소 휘장이 찢어진 것은 무엇을 의미하는가?(27:51–52, Tip 참조)

a) 초자연적 현상(51–52절): 성소 휘장이 찢어지고, 땅이 진동하며 바위가 터지고 무덤이 열리며 자던 성도의 몸이 일어남

b) 성소 휘장이 찢어진 것의 의미(Tip 참조): 하나님과 인간을 나누는 막이 찢어짐으로써 인간이 하나님께 나아갈 새로운 길이 열림

Tip 예수님이 십자가에서 숨을 거두실 때 몇 가지 초자연적인 현상이 일어났다. 예수님이 온 세상의 구주이심을 드러내는 일이었다. 예수님이 숨을 거두시는 순간 성소 휘장이 위에서부터 아래까지 찢어져 둘이 되었다. 휘장은 지성소와 성소 사이에 매달려 있는 길이 18m, 폭 9m에 달하는 큰 휘장이다. 휘장이 찢어진 것은 하나님과 인간을 나누는 막이 찢어짐으로써 인간이 하나님께 나아갈 새로운 길이 열렸음을 의미한다. 이로써 이제 더는 제사 제도와 성전 예식을 통해 하나님께 나갈 필요가 없게

되었다. 새 성전이 되신 예수님을 통해 직접 하나님께 나갈 수 있기 때문이다.

성소 휘장이 찢어지더니, 땅이 진동하며 바위가 터지고 무덤이 열리며 자던 성도의 몸이 많이 일어났다. 예수님이 숨을 거두는 순간 지진이 나서 죽은 성도들의 무덤이 열렸지만, 그들은 사흘이 지나 예수님이 부활하신 직후에 부활한 것이다. 이 성도들은 예수님처럼 영광스러운 몸으로 부활했다. 그들은 부활한 후 예루살렘으로 들어가 예수님의 죽음과 부활이 사탄이 사용한 죽음의 효력을 무력화한 것과 자신들을 부활시킨 것에 대해 증언했을 것이다. 유대인 선진들의 부활은 하나님이 이스라엘을 버리지 않으셨다는 것을 암시한다. 다만 그들이 누리던 특권은 이제 없다. 그들도 이방 민족처럼 예수님을 믿어야 하나님의 백성이 될 수 있다. 부활한 성도들은 예수님의 죽음의 효력에 대해 증거하다가 예수님이 승천하실 때 주님과 함께 하늘로 올라갔을 것이다.

5 예수님이 죽으실 때 그 곁을 지킨 세 여인은 누구인가?(27:55-56)

막달라 마리아, 야고보와 요셉의 어머니 마리아, 세베대의 아들들의 어머니

Tip

예수님을 섬기며 갈릴리에서부터 따라온 많은 여인이 이 모든 광경을 멀리서 바라보고 있었다. 이들은 그저 울며 예수님의 죽음을 먼 곳에서 바라볼 수밖에 없지만, 가장 신실한 증인들이다. 예수님이 공을 들여 양육한 제자들이 모두 도망간 상황에서 끝까지 예수님 곁을 지키고 있다. 이 여인들은 예수님의 시신이 아리마대 사람 요셉의 묘에 안치될 때도 무덤이 봉인될 때도 주님 곁에 있었고, 부활하신 예수님을 제일 먼저 만나는 영광을 누렸다. 하나님이 귀하게 들어 쓰신 여인들이며, 축복하신 여인들이다.

여인 중에 막달라 마리아가 있었다. 예수님이 그녀에게서 일곱 귀신을 내쫓으신 후 일편단심 예수님과 제자들을 따르며 섬기는 삶을 살았다. 두 번째 여인은 야고보와 요셉의 어머니 마리아다. 마가는 그녀를 '작은 야고보와 요셉의 어머니'로 소개하고(막 15:40), 요한은 그녀를 글로바의 아내였다고 한다(요 19:25). 세 번째 여인은 세베대의 아들들의 어머니였

다. 그녀의 이름은 살로메이고, 제자 중 야고보와 요한 형제의 어머니이며 예수님의 이모였다. 죽는 한이 있어도 예수님과 함께하겠다고 떠들어대던 제자들은 모두 도망가고, 아무 말 없이 묵묵히 순종하며 예수님을 따르던 여인들이 끝까지 주님의 곁을 지켰다.

VI. 적용과 나눔

삶의 내비게이션(적용)

1 유대교 지도자들과 군인들과 지나가는 사람들이 십자가에 달린 예수님을 잔인하게 희롱하며 최악의 수치와 굴욕을 안겨 주었다. 당신이 가족이나 사람들에게 수치스럽거나 상처가 되는 말을 들은 경험은 무엇인가?

관찰문제 1, 2번 참고. 예수님의 십자가 처형을 주도했던 자들을 통해 인간이 얼마나 잔인하고 악한 존재인지 알 수 있다. 아무리 예수님을 범죄자로 생각했다고 할지라도 이렇게 대하면 안 된다. 인간이라면 흉악한 죄를 지은 범죄자라도 최소한의 예의와 도리를 갖추어 대해야 한다. 모든 사람은 창조주 하나님의 모양과 형상대로 지음받았기 때문이다. 하물며 그들은 자신을 구원하러 이 땅에 오신 하나님의 아들을 가장 잔인하게 희롱했다. 예수님이 죄를 지은 것도 아닌데 말이다.

우리는 어떠한 이유로든 아파하고 힘들어하는 사람들의 자존심과 감정에 예민해야 한다. 다른 사람의 인격을 무시하는 신체 비하나 성적 수치심을 일으키는 발언, 심한 욕설이나 저속한 표현, 남의 약점을 들추어내는 비방, 다른 사람을 교묘하게 세뇌시키는 '가스라이팅'(타인의 마음에 자신에 대한 의심을 불러일으켜 그 사람에게 지배력을 행사하는 것), 어릴 적 부모님이 무심코 던진 말("너는 안 돼", "커서 뭐가 되려고 이래", "아빠처럼 살면 안 돼", "이것밖에 못 하니" 등), 별생각 없이 농담으로 한 말이 다른 사람의 마음에 평생 상처로 남을 수 있다. 각자 다른 사람에게 들었던 수치스럽거나 상처가 되었던 말을 털어놓고, 또 서로의 말을 진지하게 들어 주고 공감하고 축복하면서 하나님의 위로와 치유가 임하도록 기도하는 시간을 갖는다.

2 예수님은 모든 능력을 가지셨지만 자신을 위해 그 능력을 사용하지 않고, 많은 사람을 구원하기 위해 십자가 고통을 견디고 죽으셨다. 당신이 하나님의 영광과 다른 사람의 유익을 위해 견디거나 묵묵히 감당하고 있는 일은 무엇인가?

관찰문제 3, 4번 참고. 예수님의 죽음과 부활은 구약 제사 제도와 성전 예식을 통하지 않고 직접 하나님께 나아가는 길을 마련해 주었다. 이 길은 유대인과 이방인에게 모두 열려 있다. 예수님이 걸어가신 십자가의 길은 고난과 죽음의 길이지만, 많은 사람을 살리는 구원과 생명의 길이다. 우리는 예수님의 죽음으로 영생을 선물로 받았다!

예수님은 이미 제자들에게 자기를 부인하고 자기 십자가를 지고 따라오라고 말씀하셨다(16:24-25). 주님을 따르는 길은 자기를 부인하고 자기 십자가를 지는 것이다. 즉, 세상에 대한 모든 이권과 권리를 포기하고(자기 부인), 죽을 각오로 십자가를 지는 것이다. 참으로 어려운 일이지만, 예수님이 직접 자신을 부인하고 십자가를 지심으로써 이런 삶이 가능하다는 것을 보여 주셨다.

우리는 자기 십자가를 지고 주님을 따르고 있는가? 하나님 나라를 위해 때로는 손해가 되는 선택을 하고, 나보다 다른 사람이 높아지도록 상대방에게 공로를 돌리고, 믿지 않는 남편과 아들의 구원을 위해 기도의 자리를 지키고, 교회 안에서 사람들이 꺼리는 봉사의 자리(주차, 화장실 청소, 식당 봉사 등)를 자청해 섬기고, 신체적 장애가 있거나 정신적·심리적으로 아픈 사람들에게 진정한 친구가 되어 주고, 방황하는 가족이 가정으로 돌아오도록 끝까지 기다려 주고, 생계비 외 부수입을 선교나 구제에 사용하는 것 등이 자기 십자가를 지고 주님을 따르는 제자의 삶이다. 여기서 주의할 것은 자신의 실수와 욕심으로 발생한 어려움이나 고난을 다른 사람을 위해 십자가를 지는 일로 생각하는 것은 아닌지 점검해야 한다는 점이다. 그렇지 않으면 십자가 지는 것이 자기 공로로 돌아갈 위험이 있다. 십자가를 지는 것은 나를 위해 죽으시고 영생을 주신 주님의 은혜에 감사해 자신의 권리와 이권과 공로를 기꺼이 포기하고 주님의 길을 따르는 것이다. 그러므로 십자가를 지는 것은 어렵지만, 거기에는 감사와 기쁨이 있다.

각자 삶에서 하나님과 다른 사람의 유익을 위해 묵묵히 감당하고 있는 일은 무엇인지 이야기해 본다.

3 갈릴리 여인들은 예수님이 십자가에서 죽으실 때 끝까지 곁을 지켰고, 예수님의 죽음과 부활 소식을 전하는 신실한 증인이 되었다. 당신이 끝까지 지키고 싶은 신앙인의 삶(모습)은 무엇인가?

관찰문제 5번 참고. 예수님의 부활은 곧 우리의 부활을 증거하고 확신하게 한다. 부활을 확신한다면 제자의 삶은 필수다. 제자의 삶은 말에 있는 것이 아니라 순종과 실천에 있다. 묵묵히 순종하며 예수님을 따르던 여인들은 끝까지 주님 곁을 지켰고, 예수님의 부활을 가장 확실하게 증언하는 예수님의 '증인'이 되었다. 갈릴리 여인들은 실패한 제자들과는 대조적으로 제자도의 모범을 보여준다.

신앙인은 어떠한 상황에서도 예수님을 떠나지 않고 믿음을 지키는 자임을 여인들의 모습에서 알 수 있다. 그렇다면 우리가 끝까지 지켜야 할 신앙인의 모습은 무엇일까? 변하지 않는 신실한 모습, 어떤 상황에서도 늘 복음을 전하는 모습, 손해를 보더라도 신앙적 양심을 지키는 모습, 하나님의 말씀대로 살기 위해 몸부림치는 모습, 기본적인 경건 생활(말씀 묵상, 기도, 예배 등)에 최선을 다하는 모습, 말만 하는 것이 아니라 이웃의 필요를 실질적으로 채워 주는 모습, 내게 주신 것에 감사하고 자족할 줄 아는 모습, 맡겨진 작은 일에 충성하는 모습 등이 있다. 우리는 형식적인 신앙생활을 하는 종교인이 아니라 삶으로 살아내는 신앙인이 되어야 한다. 이를 위해 현재 힘쓰고 있는 것은 무엇인지, 끝까지 지키고 싶은 신앙인의 삶(모습)은 무엇인지 이야기해 본다.

Ⅶ. 마무리

기도로 마무리한다.
제12주 관찰문제를 예습해 오게 한다.
실천과제를 제시한다.

생활의 아로마(실천)

예 1) 농담이라는 핑계로 무시하고 함부로 말하는 것을 조심한다.

2) 하나님과 다른 사람을 위해 묵묵히 감당할 일은 무엇인지 찾아보고 실천한다.

제11주 성경공부 NOTE

제11주 성경공부 NOTE

제12주 "가서 제자 삼으라!"

마태복음 28:1-20

학습목표

1. 예수님의 부활은 역사적인 사실이며, 몸을 가진 육체적인 부활이었음을 바르게 알고 믿는다.
2. 예수님이 제자들에게 마지막으로 당부하신 '대사명'('모든 민족으로 제자를 삼으라')을 삶의 현장에서 실천하며 살아간다.

KEYWORD **부활, 증인, 대사명**

I. 찬양과 기도

II. 지난주 실천과제 나눔

III. 복습문제 풀이

복습

1 예수님이 숨을 거두실 때 어떤 현상이 나타났는가? 성소 휘장이 찢어진 것은 무엇을 의미하는가?(27:51-52, Tip 참조)

a) 초자연적 현상(51-52절): 성소 휘장이 찢어지고, 땅이 진동하며 바위가 터지고 무덤이 열리며 자던 성도의 몸이 일어남

b) 성소 휘장이 찢어진 것의 의미(Tip 참조): 하나님과 인간을 나누는 막이 찢어짐으로써 인간이 하나님께 나아갈 새로운 길이 열림

Ⅳ. 말씀 마태복음 28:1-20을 다 함께 읽는다

28:1 안식일이 다 지나고 안식 후 첫날이 되려는 새벽에 막달라 마리아와 다른 마리아
가 무덤을 보려고 갔더니 2 큰 지진이 나며 주의 천사가 하늘로부터 내려와 돌을 굴려
내고 그 위에 앉았는데 3 그 형상이 번개 같고 그 옷은 눈 같이 희거늘 4 지키던 자들
이 그를 무서워하여 떨며 죽은 사람과 같이 되었더라 5 천사가 여자들에게 말하여 이
르되 너희는 무서워하지 말라 십자가에 못 박히신 예수를 너희가 찾는 줄을 내가 아노
라 6 그가 여기 계시지 않고 그가 말씀 하시던 대로 살아나셨느니라 와서 그가 누우셨
던 곳을 보라 7 또 빨리 가서 그의 제자들에게 이르되 그가 죽은 자 가운데서 살아나
셨고 너희보다 먼저 갈릴리로 가시나니 거기서 너희가 뵈오리라 하라 보라 내가 너희
에게 일렀느니라 하거늘 8 그 여자들이 무서움과 큰 기쁨으로 빨리 무덤을 떠나 제자
들에게 알리려고 달음질할새 9 예수께서 그들을 만나 이르시되 평안하냐 하시거늘 여
자들이 나아가 그 발을 붙잡고 경배하니 10 이에 예수께서 이르시되 무서워하지 말라
가서 내 형제들에게 갈릴리로 가라 하라 거기서 나를 보리라 하시니라 11 여자들이 갈
때 경비병 중 몇이 성에 들어가 모든 된 일을 대제사장들에게 알리니 12 그들이 장로
들과 함께 모여 의논하고 군인들에게 돈을 많이 주며 13 이르되 너희는 말하기를 그의
제자들이 밤에 와서 우리가 잘 때에 그를 도둑질하여 갔다 하라 14 만일 이 말이 총독
에게 들리면 우리가 권하여 너희로 근심하지 않게 하리라 하니 15 군인들이 돈을 받고
가르친 대로 하였으니 이 말이 오늘날까지 유대인 가운데 두루 퍼지니라 16 열한 제자
가 갈릴리에 가서 예수께서 지시하신 산에 이르러 17 예수를 뵈옵고 경배하나 아직도
의심하는 사람들이 있더라 18 예수께서 나아와 말씀하여 이르시되 하늘과 땅의 모든
권세를 내게 주셨으니 19 그러므로 너희는 가서 모든 민족을 제자로 삼아 아버지와 아
들과 성령의 이름으로 세례를 베풀고 20 내가 너희에게 분부한 모든 것을 가르쳐 지키
게 하라 볼지어다 내가 세상 끝날까지 너희와 항상 함께 있으리라 하시니라

V. 관찰문제의 바른 답

말씀 돋보기(관찰)

1 천사가 여인들에게 전해 준 메시지는 무엇이며, 여인들이 천사의 말에 따라 제자들에게 전할 소식은 무엇인가?(28:6-7)

a) 천사가 전해 준 메시지(6절): "그(예수님)가 말씀하시던 대로 살아나셨느니라"

b) 제자들에게 전할 소식(7절): "그(예수님)가 죽은 자 가운데서 살아나셨고 너희보다 먼저 갈릴리로 가시나니 거기서 너희가 (부활하신 예수님을) 뵈오리라"

Tip 안식 후 첫날인 일요일, 곧 예수님이 죽으신 지 사흘째 되는 날에 막달라 마리아와 다른 마리아가 예수님의 무덤을 찾았다. 무덤에 도착하니 큰 지진이 나고 하나님의 천사가 하늘에서 내려와 무덤 입구를 막았던 돌을 굴려내고 그 위에 앉았다. 천사는 '무서워하지 말라'라는 부드러운 말로 여인들을 위로하고, 인류가 경험하지 못한 굿 뉴스를 준다. 천사가 예수님의 시신을 보러 찾아온 여인들에게 준 메시지는 "그가 살아나셨느니라!"다. 예수님은 더는 십자가에 못 박혀 죽은 메시아가 아니라, 그분의 말씀대로 살아난 하나님의 아들이시다. 예수님은 평소에 말씀하신 대로 살아나셨다. 제자들은 이 말씀을 믿지 않았지만, 하나님은 그들의 불신과 상관없이 원래 계획대로 죽은 예수님을 살리셨다. 인간의 불신이나 방해는 하나님의 역사를 절대 방해할 수 없다.

천사는 여인들에게 빨리 가서 제자들에게 예수님이 부활하셨다는 소식과 갈릴리로 가서 부활하신 예수님을 뵈라는 말을 전하라고 한다. 부활하신 예수님은 이곳에 계시지 않으니 예수님을 만나려면 갈릴리로 가야 한다. 갈릴리는 예수님이 제자들과 함께한 3년 중 대부분을 함께 보내신 곳이고, 이곳에서 많은 훈련이 이뤄졌다. 예수님은 그들을 처음 만난 장소로 돌아가 실패와 절망과 좌절에 빠져 있는 제자들에게 새로운 기회를 주고자 하신다.

2 여인들이 부활하신 예수님의 발을 붙잡았다는 것에서 알 수 있

는 부활의 특징은 무엇인가? 예수님은 제자들을 어떻게 부르시는가?(28:9-10, Tip 참조)

a) 예수님의 부활의 특징(Tip 참조): 부활하신 예수님은 육체적 몸을 지니심(육체적 부활)

b) 제자들에 대한 예수님의 호칭(10절): 내 형제들

Tip

여인들이 부활하신 예수님의 소식을 전하기 위해 제자들에게 달려가고 있을 때, 예수님이 그들을 만나 주셨다. 여인들은 예수님의 발을 붙잡고 흐느끼며 경배했다. 여인들이 예수님의 발을 붙잡았다는 것은 부활한 예수님이 육체적 몸을 지니셨음을 뜻한다. 예수님은 단순히 '영적으로' 부활한 것이 아니라 '육체적으로' 부활하셨다는 사실을 선언하신다. 우리는 어떻게 예수님이 닫혀 있는 문과 벽을 지나다니면서(눅 24:36-37; 요 20:19) 동시에 사람이 붙잡을 수 있는 육신을 지니셨는지 이해할 수 없다. 이 문제는 천국에 가야 알 수 있는 신비다. 그러나 예수님의 육체적 부활은 장차 우리에게 임할 부활 또한 육체를 포함한다는 중요한 단서가 된다.

예수님은 여인들에게 '내 형제들에게 갈릴리로 가라'라는 소식을 전하게 하신다. 무섭다며 예수님을 버리고 도망간 제자들을 '내 형제들'로 부르신다. 그들이 회개하기 전에 예수님이 그들을 회복시키셨다. 예수님이 주님을 따르는 사람들을 '내 형제들'이라고 부르시는 것은 하나님 나라의 새로운 가족, 곧 교회의 시작을 알린다. 예수님은 갈릴리에서 제자들을 만나 첫 교회를 세우실 것이다. 갈릴리는 예수님이 어린 시절을 보내신 곳이며, 사역을 시작하신 곳이다. 더욱이 '선한 것이 나올 수 없는'(요 1:46) 낮은 자들이 사는 곳이다. 그러므로 예수님이 제자들을 갈릴리에서 만나시는 것은 이방인 선교의 의지를 재확인하는 것이며, 잠시 후에 선포될 대사명(28:28-20)을 예비하는 일이다.

3 경비병들은 예수님의 소식을 누구에게 알렸으며, 그들이 뇌물을 받고 전한 거짓말은 무엇인가?(28:11-13)

a) 경비병들이 예수님의 소식을 알린 곳(11절): 대제사장들

b) 경비병들이 전한 거짓말(13절): 군인들이 잘 때 제자들이 와서 예수님의 시체를 도둑질해 갔다고 거짓말함

Tip 경비병들도 급히 대제사장들에게 가서 예수님의 소식을 알렸다. 여인들은 예수님이 부활하셨다는 좋은 소식을, 군인들은 지진이 일어나고 천사가 임하는 등 이상한 일이 일어나고 시체가 없어졌다는 나쁜 소식을 전한다. 같은 사건이 참으로 대조되는 상황을 만들어 냈다. 군인들은 예수님의 시체가 없어진 일에 대해 책임을 피할 수 없기 때문에 총독에게 가지 않고 대제사장들을 찾아갔다.

군인들의 말을 들은 대제사장들은 뇌물을 주며 밤에 군인들이 잠든 사이에 예수님의 제자들이 와서 시체를 도둑질해 갔다고 거짓말을 하게 한다. 대제사장들과 장로들은 천사와 지진 등 초자연적인 현상에 대한 내용은 삭제한 채 인간이 만들어 낼 수 있는 인위적인 말로만 거짓을 만들어 냈다. 만일 이들이 성전 휘장이 찢어진 것과 어둠이 온 세상을 덮은 것, 그리고 지진이 있었던 것을 하나님이 하신 일로 인정하고 회개했더라면 얼마나 좋았을까! 이 모든 일을 하나님이 하신 일로 인정하지 않는 종교 지도자들은 자신의 죄를 덮기 위해 새로운 죄를 짓고 있다.

4 예수님이 가지신 권세는 무엇이며, 이 권세를 받아 제자들이 행해야 할 대사명은 무엇인가?(28:18-19)

a) 예수님이 가지신 권세(18절): 하늘과 땅의 모든 권세

b) 제자들의 대사명(19절): 모든 민족을 제자로 삼는 것

Tip 예수님은 하늘과 땅의 모든 권세를 가지셨다. 이 권세는 하나님이 예수님에게 주신 것이며, 예수님은 제자들에게 주셨다. 교회는 제자들을 통해 이 권세를 받았다.

예수님이 제자들에게 그분이 받으신 권세를 주신 것은 이를 활용해 모든 민족을 제자로 삼게 하기 위함이다. 일명 '대사명'이다. 대사명은 교회의 정체성을 정의하며, 성도들에게는 삶의 방식이 된다. 교회는 모든 민족을 제자로 삼기 위해 이 땅에 존재한다. 예수님은 제자들에게 (1)가는 것,

(2)제자 삼는 것, (3)세례를 베푸는 것, (4)가르치는 것 등 네 가지를 요구하신다. 이 중 가장 중요한 핵심 명령은 '제자 삼으라'다. 사람들은 제자를 교회 안에서 특별히 구분되거나, 성도 중에서 다른 사람보다 헌신도가 높은 사람을 의미하는 것으로 생각한다. 그러다 보니 '제자 훈련' 같은 체계적인 훈련을 거쳐야 제자가 된다는 비(非)성경적인 생각을 갖는다. 모든 그리스도인은 예수님의 제자이며, 오직 예수님의 제자로 평생 살아야 한다.

예수님이 주신 권세	성경 구절
치료하는 권세	4:23-24; 9:35
가르치는 권세	7:29
명령하는 권세	8:9
귀신을 쫓는 권세	8:29-32; 12:22
죄를 용서하는 권세	9:6, 8
하나님을 계시하는 권세	11:27
재판하는 권세	13:41
하늘의 권세	21:23-27

5 모든 민족을 제자로 삼는 일은 구체적으로 무엇을 의미하는가? 이 일을 위해 제자들에게 주신 약속은 무엇인가?(28:19-20)

a) 제자 삼는 일의 구체적 의미(19-20절): '가는 것', '세례를 베푸는 것', '가르치는 것'

b) 예수님의 약속(20절): "세상 끝 날까지 너희와 항상 함께 있으리라"

Tip 예수님은 모든 민족을 제자로 삼는 일이 무엇을 의미하는지 세 가지로 설명하신다. 첫째, '가는 것'이다. 사람은 스스로 하나님을 찾을 생각을 하지 못한다. 그러므로 예수님이 우리에게 하신 것처럼 우리가 먼저 그들을 찾아가 손을 내밀어야 한다. 둘째, '세례를 베푸는 것'이다. 예수님도 요한의 세례를 받으셨다. 세례는 예수님을 영접한 사람이 공개적으로 하나님의 백성이 되었음을 드러내는 신앙의 표현이다. 예수님은 세례를 베풀 때 아버지와 아들과 성령의 이름으로 하라고 하신다. 복음서에서 가장 확실한 삼위일체 하나님에 대한 표현이다. 삼위일체 하나님의 이름으로 세례를 베푸는 것은 하나님과 교제하며 하나님의 다스림 아래 살게 하라는 뜻이다. 세례를 받는 사람은 하나님과 새로운 관계를 시작하는 것이다. 셋째, '가르치는 것'이다. 예수님께 배운 것을 새 그리스도인에게 그대로 전수하라는 의미다. 가르치는 목적은 예수님의 말씀을 지키게 하기 위해서다. 배운 것을 머리에 새기는 것으로 끝나는 것이 아니라 마음을 다해 실천하게 하는 것을 뜻한다. 제자의 삶은 순종과 실천이 필수다! 마지막으로 예수님은 제자 삼는 이 일을 위해 세상 끝 날까지 제자들과 항상 함께 있을 것이라고 약속하신다. 마태는 임마누엘(1:23 '하나님이 우리와 함께하신다')로 시작한 책을 예수님의 편재(모든 공간을 초월해 존재하심)에 대한 이 말씀으로 마무리한다. 편재는 하나님의 고유한 성품이다. 그러므로 편재는 예수님이 하나님이심을 뜻한다.

VI. 적용과 나눔

삶의 내비게이션(적용)

1 부활하신 예수님은 실패와 절망에 빠진 제자들을 갈릴리에서 만나 주시고 새로운 기회와 계획을 주신다. 당신이 실패와 좌절 속에 있을 때 주님이 찾아와 회복시켜 주셨던 '당신의 갈릴리'는 어디(어떤 일)인가?

관찰문제 1, 2번 참고. 예수님이 부활하셨음에도 제자들은 믿고 따르던 선생님을 잃은 불안과 두려움에 빠져 있다. 또한 예수님이 잡혀가실 때 부인하고 배반한 일로 인해 실패와 좌절, 절망 가운데 살아가고 있다. 그들에게는 예수님을 향한 사랑과 믿음의 회복이 필요한데, 이는 부활하신 예수님만 하실 수 있는 일이다. 그래서 예수님은 제자들에게 약속한 대로 갈릴리로 먼저 가서(26:32) 그들을 기다리신다. 예수님이 제자들을 갈릴리로 부르신 것은 갈릴리가 그들을 처음 제자로 부르셨던 장소이기 때문이다. 이제 예수님은 그곳 갈릴리에서 제자들을 부활의 증인으로 다시 부르신다. 예수님은 불안과 두려움, 실패와 절망에 빠져 있는 제자들에게 새로운 사명을 주시고 소망을 회복시키고자 하신다.

실패는 예수님과 우리 사이를 갈라놓을 수 없다. 예수님은 제자들이 용서를 구하기 전에 먼저 그들을 용서하시고 그들을 위해 새로운 기회와 계획을 준비하셨다. '인생의 쓴맛'과 '사역의 실패'를 경험하더라도 좌절하지 말자. 예수님은 언제든 새로운 기회를 준비해 놓고 우리를 기다리신다. 그러므로 실패로 인해 절망할 시간에 기도로 주님께 나가야 한다. 실패와 좌절 속에 있을 때 주님이 찾아와 위로와 회복을 주시고 새로운 기회를 열어 주신 경험을 나누어 본다(예: 죄 가운데 빠져 살다가 주님 만나고 성도로 부름받은 이야기, 폐업 예배를 드리다가 은혜 가운데 새로운 사업으로 인도받은 이야기, 관계에서 받은 상처로 은둔형 외톨이로 살다가 주님께 위로받고 일터로 복귀한 이야기 등).

2 여인들은 예수님이 부활하셨다는 복된 소식을 전했지만, 대제사장들은 경비병들에게 제자들이 예수님의 시체를 훔쳐 갔다는 거짓 소식을 전하게 했다. 당신은 주변 사람들에게 주로 어떤 소식을 전하는가? 오늘 당신이 부활하신 주님에 관한 구원의 기쁜 소식을 전할 사람은 누구인가?

관찰문제 3번 참고. 본문에 나타나는 여인들과 경비병들의 모습이 대조를 이룬다. 두 그룹은 모두 같은 사건을 경험하고 이에 관한 소식을 전했지만, 전한 내용은 참으로 달랐다. 여인들은 예수님의 부활과 회복에 관한 복된 소식을 전했지만, 경비병들은 죄를 죄로 덮는 거짓된 소식을 전했다. 그들이 전한 소식은 인위적인 말로 조작된 '가짜 뉴스'일 뿐이다. 유대인 사이에 이처럼 어이없는 거짓말이 계속 도는 것은 인간은 진실 여부에 별 관심이 없으며 자기가 듣고자 하는 말만 듣는 나쁜 습성을 지녔기 때문이다. 종교 지도자들은 지은 죄를 회개하지 않고 그것을 덮기 위해 더 많은 죄를 짓고 있다. 반복되는 악의 고리를 끊는 유일한 방법은 회개다. 죄는 쌓는 것이 아니며, 곧바로 회개해야 하는 것이다.

우리 주변에도 조작된 '가짜 뉴스'가 많다. 수많은 정보와 뉴스를 다양한 매체를 통해 실시간으로 전달받는 우리는 어느 것이 진짜이고 가짜인지 정확하게 파악하기 어려울 뿐 아니라, SNS를 통해 나도 모르게 가짜 뉴스를 퍼트리기도 한다. 공유와 소통에서 분별력과 절제, 신중한 행동이 요구된다.

우리는 일상에서 어떤 소식을 전하며 살고 있는가? 뉴스나 건강이나 여행 등에 관련된 지식 정보를 전달하기도 하고, 어려운 이웃에 관한 소식을 전달해 실제적인 도움을 주기도 하고, 낙심한 자들에게 하나님의 메시지를 전해 위로하기도 한다. 그러나 한편으로는 습관적으로 남의 사생활이나 뜬 소문을 전하기도 하고, 인터넷이나 모바일상에서 폭언이나 악성 댓글이나 유해 정보나 음란한 이야기를 전달하는 등 악한 소식을 전달하기도 한다. 우리는 먼저 복음(좋은 소식)을 들은 자로서 살아 계시고 구원을 주시는 주님에 관한 복된 소식을 전하며 살아야 한다. 각자 삶에서 자신이 어떤 소식을 전하며 살아가고 있는지 점검하고, 지금 자신이 복음의 소식을 전해야 할 대상자는 누구인지 이야기해 본다.

3 부활하신 예수님은 제자들에게 모든 민족을 제자로 삼으라는 '대사명'을 주신다. 대사명의 역사를 써 내려가도록 예수님이 당신을 보내신 삶의 현장은 어디인가? 예수님의 명령을 일상에서 어떻게 실천하겠는가?

관찰문제 4, 5번 참고. 마태복음이 대사명으로 끝나고 있다. 부활하신 예수님이 제자들에게 새롭게 주신 대사명은 모든 민족을 제자로 삼는 것이다. 교회는 모든 민족을 제자로 삼기 위해 이 땅에 존재하고, 교회가 이 땅에 존재하는 한 이 일은 계속되어야 한다. 그리스도인은 모두 예수님의 제자다! 예수님은 "너희가 제자로 세워졌으니, 이제는 가서 제자들을 세우라"라고 말씀하신다. 하나님이 구원하시는 은혜를 경험한 사람이 세상 사람들에게 자신이 경험한 은혜를 베풀 때가 되었다는 뜻이다.

우리는 어떻게 제자를 세울 것인가? 제자도는 '가는 것'을 통해 아웃리치(outreach)하는 것이며, '배움'을 통해 인리치(inreach)하는 것이다. 외부적인 활동을 통해 전도의 열매를 맺고, 내부적인 인격 훈련을 통해 성령의 열매를 꾸준히 맺는 것이다. 이런 의미에서 우리가 가는 모든 곳이 전도의 현장이고, 만나는 모든 사람이 전도할 대상자다. 특별히 우리가 깊이 관계 맺고 있는 가정과 직장은 예수님의 제자를 세워 가도록 하나님이 우리에게 허락하신 공간임을 기억하자. 부모 된 자들은 자녀들과 함께 성경을 읽고 가르치고, 이웃을 집으로 초대해 티타임을 즐기며 직·간접적으로 복음을 전하고, 거리에서 전도지를 전달하고, 신앙생활을 막 시작한 성도와 일대일 큐티 나눔을 하고, 청소년들을 기독교 영화나 찬양 콘서트에 초대하거나 신앙 도서를 전달하는 등 일상에서 예수님이 주신 대사명을 실천하는 제자의 삶을 살아야 한다. 각자 일상에서 예수님이 주신 대사명을 어떻게 실천할 것인지 나누어 본다.

Ⅶ. 마무리

기도로 마무리한다.
다음 과정 성경공부에 초대한다.
실천과제를 제시한다.

생활의 아로마(실천)

예 1) 전도 대상자를 구체적으로 정하고 어떻게 복음을 전할 것인지 계획을 세워 실천한다.

2) 실패와 좌절 가운데 있다면 우리를 위로하시고 새로운 기회를 주시는 주님께 나아가 기도하기에 힘쓴다.

제12주 성경공부 NOTE

제12주 성경공부 NOTE

비밀 유지 서약서

나는 이 그룹에서 나눈 것들을 다른 곳에 누설하지 않기로 약속합니다. 또한 다른 그룹원들이 숨기고자 하는 내용을 나누도록 압력을 가하지 않을 것을 약속합니다. 하나님과 그룹원들에게 나의 약속을 성실히 이행할 것을 서약합니다.

서명 ________________________________

날짜 ________________________________

『마태복음 II』 성경공부를 통한 삶의 변화 일지

주	나의 말씀 적용(생활의 아로마)	실천 과정과 결과
1주		
2주		
3주		
4주		
5주		
6주		

주	나의 말씀 적용(생활의 아로마)	실천 과정과 결과
7주		
8주		
9주		
10주		
11주		
12주		

『마태복음 II』 엑스포지멘터리 성경공부 출석

	1	2	3	4	5
이름 / 주					
OT (월 일)					
1주 (월 일)					
2주 (월 일)					
3주 (월 일)					
4주 (월 일)					
5주 (월 일)					
6주 (월 일)					
7주 (월 일)					
8주 (월 일)					
9주 (월 일)					
10주 (월 일)					
11주 (월 일)					
12주 (월 일)					
합계					
연락처					
메모 (가족/기도)					

6	7	8	9	10	11	12

송병현 〈엑스포지멘터리 시리즈〉의 저자. 캐나다 틴데일대학교(B. Th.)와 미국 시카고 트리니티 복음주의신학교를 졸업하고(M. Div.) 동 대학원에서 박사학위(Ph. D.)를 받았다. 1997년부터 백석대학교 구약학 교수로 봉직 중이며 2009년부터는 선교지의 지도자 교육을 위해 강사진을 파송하는 STAR 선교회를 이끌고 있다. 목회자와 신학생뿐 아니라 하나님의 말씀에 진지하게 귀 기울이기 원하는 이 땅의 그리스도인들을 섬기기 위해 활발한 성경 강해와 해석 사역을 펼치고 있다.

송(임)우민 캐나다 틴데일대학교(B. Th.)와 미국 시카고 트리니티 복음주의신학교를 졸업(M. Div.), LA에 있는 탈봇신학교에서 기독교교육학으로 박사학위(Ph. D.)를 받았다. 20여 년간 북미와 한국에서 영어 주일학교 전도사로 교회학교 현장에서 사역했으며, CMIS 캐나다국제학교 이사, Korea Montessori College 교수, 몬테소리 교사 및 컨설턴트 등 다양한 교육학적 경력을 바탕으로 학부모 세미나, 부부 세미나, 교사 세미나의 주요 강사로서 가정과 교회학교를 말씀으로 세우기를 갈망하는 부모와 교사들을 섬기고 있다. 현재 백석예술대학교 사회복지학부 전임교수로 봉직 중이며, 남편 송병현 교수와 함께 STAR 선교회 이사로 섬기고 있다.

엑스포지멘터리 성경공부 시리즈 마태복음 Ⅱ - 인도자용

초판 1쇄 발행 2022년 12월 20일
2쇄 발행 2022년 12월 21일

지은이 송병현, 임우민
구성 신재희

펴낸곳 도서출판 이엠
등록번호 제25100-2015-000063
주소 서울시 강서구 공항대로 220 610호
전화 070-8832-4671
E-mail empublisher@gmail.com

내용 및 세미나 문의 스타선교회: 02-520-0877 / EMail: starofkorea@gmail.com / www.star123.kr

ISBN 979-11-86880-95-1 93230

※ 가격은 표지 뒷면에 있습니다.

「이 도서의 국립중앙도서관 출판시도서목록(CIP)은 서지정보유통지원시스템 홈페이지(http://seoji.nl.go.kr)와 국가자료공동목록시스템(http://www.nl.go.kr/kolisnet)에서 이용하실 수 있습니다. (CIP제어번호:CIP2015000753)」